JUDAS

Un Auto-Estudio y Comentario

Por

Dr. Bruce Lackey, Escritor

Traducido al español por
Bob C. Green DMin.
(Hermano Roberto)

Revisado por:
Elizabeth Garrett

JUDAS: Un Auto-Estudio y Comentario
Por
Dr. Bruce Lackey
Traductor: Dr. Bob C. Green

ISBN: 978-1-7356723-2-8

Traducción al español del libro:
"Jude, A Commentary and Self-Study"
Por
Dr. Bruce Lackey
© Copyright 1985 Bruce P. Lackey
3020 Northway Lane
Chattanooga, TN 37406

La versión en español fue traducido y editado por
Dr. Bob C Green (Hermano Roberto)
Con el permiso de Helen Lackey, Viuda

"JUDAS: Un Auto-Estudio y Comentario"
© Copyright 2020, Bob C Green

Editorial y formato asistido por:
The Old Paths Publications, Inc.
142 Gold Flume Way
Cleveland, GA, USA 30528
Email: TOP@theoldpathspublications.com
Website: www.theoldPathspublications.com

Dedicación:

Esta traducción al español del Libro de Jude por Dr. Bruce Lackey se dedica a la viuda de él, Helen Lackey y a mi esposa, Patricia Deitz Green.

El Señor nos bendijo, a él y a mí en una manera muy especial cuando nos dio esposas, mujeres virtuosas, que servirían a nuestros lados. Alabado sea el Nombre del SEÑOR.

Dr. Bob C. Green, 2020 (Traductor)

La Introducción:

Estos apuntes se escribieron para uso devocional y también para uso al estar predicando o enseñando en vez de ser un análisis crítico. Excepto por la referencia a unas cuantas palabras griegas, el método del autor ha sido el de explicar el texto de las versiones de King James (1611) y La Reina Valera (1609) con pasajes de Escritura paralelos, mostrando la unidad y la suficiencia de la Palabra de Dios.

El material del libro se ha diseñado para la lectura y el autoestudio, o para usarse en una clase bíblica. El lector y el estudiante pueden aprender mucho al buscar todas las referencias o pasajes bíblicos y anotar las palabras que faltan.

Los bosquejos y comentarios son prácticos, habiéndose usado por el autor, en su predicación y en la enseñanza de esta epístola en iglesias locales.

Al escribir, lo he hecho con el deseo de que el estudio provea para el lector, materiales útiles para servir al Señor Jesucristo y para estimular al lector a dedicarse al estudio más a fondo de La Sagrada Escritura.

Tabla de Contenido

Dedicación: 3
La Introducción: 4
Tabla de Contenido 5
JUDAS 6
    Versículo 1: 6
    Versículo 2: 9
    Versículo 3: 11
    Versículo 4: 15
    Versículo 5: 20
    Versículo 6: 23
    Versículo 7: 25
    Versículo 8: 29
    Versículo 9: 32
    Versículo 10: 37
    Versículo 11: 38
    Versículo 12: 45
    Versículo 13: 52
    Versículo 14: 55
    Versículo 15: 61
    Versículo 16: 65
    Versículo 17: 68
    Versículo 18: 71
    Versículo 19: 72
    Versículo 20: 76
    Versículo 21: 79
    Versículo 22: 81
    Versículo 23: 83
    Versículo 24: 85
    Versículo 25: 88
Unos Bosquejos: 94
EL Traductor 102

JUDAS

Versículo 1:

"Judas, siervo de Jesucristo, y hermano de Jacobo, a los llamados, santificados en Dios Padre, y guardados en Jesucristo:"

Judas no fue un apóstol, ya que no dice que sí como lo hicieron Pablo y Pedro (Romanos 1:1; 1 Pedro 1:1). Él debe distinguirse de Judas Iscariote. En griego los nombres de él y de Judas son iguales. También él es, "el siervo de Jesucristo", no un traidor como el otro Judas. Su nombre es igual al nombre de Judá que es hallado en el Antiguo Testamento, y que significa "alabanza". El escritor de este libro fue fiel a su nombre en el versículo 1 y en los versículos 24 y 25 donde alaba al Señor.

Él era un "SIERVO" de Jesús porque él fue hecho por Jesús (Juan 1:3), y porque él fue rescatado por Cristo (1 Pedro 1:18-19); pero, como no todos los creados por Él y rescatados por Él le sirven, fue necesario que Judas presentara su cuerpo a Dios en s_____ v____ (Romanos 12:1). Solo los que han hecho esto son siervos del Señor Jesucristo.

El nombre "Jesús" es el nombre de Cristo que enfatiza que Él vino para salvar a Su pueblo (Mateo 1:21). Al comparar Hechos 4:25-26 con el Salmo 2:1-2, aprendemos que el título "CRISTO" enfatiza que Él es el S____ Supremo. El Salmo 2 dice que Él es el ungido rey (vs. 6) e hijo. Judas no usó estos nombres del Señor ligeramente, ni debemos nosotros. Creer en el Señor

Jesucristo (Hechos 16:31) significa que creemos que Él es Dios, Salvador, Hijo y Rey.

Ya que Judas fue el hermano de Jacobo, no pudo ser Judas Iscariote (Lucas 22:3), ni el Judas de Galilea (Hechos 5:37), ni Judas que tuvo por sobrenombre Bársabas (Hechos 15:22). Hubo apóstoles (Lucas 6:16) y los que eran medios hermanos de Jesús (Mateo 13:55). Judas, probablemente no era apóstol, porque no usó el título al referirse a sí mismo. Por esta razón podemos pensar que él era uno de los medios hermanos del Señor Jesús, aunque, él humildemente no usó ese título tampoco. Si este mismo argumento se aplica a Santiago, entonces los dos escritores de las epístolas de Santiago y Judas eran medios hermanos del Señor. Puede ser que el Espíritu Santo omitió esta información en el principio de las epístolas porque los dos hombres tardaron en creer en Jesús. Véase Juan 7:5. O, puede ser omitido porque los escritores no quisieron reclamar para sí autoridad basada en la relación física con Jesús. En fin, su autoridad resulta de la "inspiración divina".

La Epístola de Santiago presenta las buenas obras como evidencia de "la fe salvadora". La Epístola de Judas presenta las "obras malas" como evidencia de la apostasía. Esta carta se ha llamado, "Los Hechos de Los Apóstatas". Judas revela lo falso, y anima a los cristianos sinceros y verdaderos.

Después de designarse o identificarse usando tres frases, Judas continua a escribir (**siervo** de Jesucristo, **hermano** de Jacobo, y **llamado**) usando tres palabras. Véase el versículo 1. En el versículo (santificado, llamado, y guardado), vs. 2, él usa ("misericordia, paz, y amor") y los versículos 5-7, 8,11 y 19.

La palabra **SANTIFICADO** significa "puesto aparte para Dios y para que los use. Se usó por primera vez en Génesis 2:3. **Nota:** La primera vez que una palabra se usa en la Escritura es llamado "**primera mención**" y da definición y significado a la palabra para uso futuro. La palabra en este caso no significa "purificar", ya que nunca podríamos purificar a Dios. A Dios no le hace falta purificarse.

Pedro en 1 Pedro 3:15 nos manda, "...sino santificad a Dios el Señor en vuestros corazones..." y en Juan 17:19 nos dice Juan que J_____ "santificó a SÍ Mismo."

Nosotros fuimos santificados, "mediante la ofrenda del cuerpo de Jesucristo, hecha una vez para siempre" (Hebreos 10:10). Posicionalmente (delante de Dios) somos santificados "una vez para siempre". Esta bendición no se pierde, ni puede cambiarse. Sin embargo, tenemos la obligación de ser "santificado" progresivamente por medio de "la verdad" (Juan 17:17; 1 Tesalonicenses 5:23). Jesús, el Hijo unigénito de Dios, participó en nuestra santificación posicional (Hebreos 10:10), y también nuestro D_____ Padre (Judas 1), y el Espíritu Santo (Romanos 15:16).

Todo creyente es **PRESERVADO EN CRISTO JESÚS,** por razón de la **oración** del Señor (Juan 17:11-12; Hebreos 7:25), Su **promesa** (Jeremías 32:40), Su poder

(1Pedro 1:5), y nuestra **posición** en Su mano (Juan 10:28-29).

Fue necesario llamarnos porque nosotros estuvimos lejos (Efesios 2:13) y nosotros no le buscábamos a Él (Romanos 3:11) hasta que Él nos buscó (Salmo 27:8). Él nos llamó por medio de la predicación del Evangelio (2 Tesalonicenses 2:14), a un llamamiento s____(Filipenses 3:14), a un llamamiento c_____ (Hebreos 3:1), y con un llamamiento s_____ (2 Timoteo 1:9). Habiendo sido llamados una vez, nunca seremos rechazados, porque Dios no cambiará lo que ha salido de Sus labios (Salmo 89:34).

Versículo 2:

"Misericordia y paz y amor os sean multiplicados."

Todo cristiano necesita **misericordia**, porque él falla y no cumple perfectamente la voluntad del Señor (1 Juan 1:8). La misericordia se obtiene en el trono de D___(Hebreos 4:16), mientras nos acercamos a Él en oración, por medio de nuestro Sumo Sacerdote, el Señor Jesucristo (Hebreos 4:15).

Necesitamos **paz** por razón del conflicto que hay entre la gente (1 Corintios 3:3), entre la carne y el Espíritu (Gálatas 5:17), entre nuestra voluntad y la de Dios (Romanos 6:13), y nuestra preocupación sobremanera y la fe (Filipenses 4:6-7). La PAZ se obtiene por amor a la

Palabra de Dios, y por considerar los mandatos, que deben obedecerse (Salmo 119:165).

Necesitamos **amor** por razón del problema constante que tenemos con nuestro ego o egoísmo. Esta es la misma palabra que se usa en Juan 3:16, indicando que Judas habla de un amor que "da de sí mismo", sacrificialmente. Tal acción (dar de sí mismo), da evidencia de que uno es discípulo de Jesucristo (Juan 13:35). Ser un discípulo del Señor también se ve en que el individuo guarda Su Palabra. Experimentamos esta clase de amor cuando obedecemos las enseñanzas de la Palabra de Dios (Juan 15:10).

Todas estas cosas pueden multiplicarse en nosotros porque son atributos de Dios y Él no tiene límite en Su habilidad. La vida cristiana no debe ser estática o sin progreso. Pedro nos exhorta a crecer (2 Pedro 3:18). Conviene preguntarnos de vez en cuando, para ver si estamos creciendo en **MISERICORDIA, PAZ, y AMOR.**

Estas características deben multiplicarse en nosotros en estos tiempos cuando la maldad se aumenta (2 Timoteo 3:13). El aumento de maldad definitivamente afecta nuestro amor (Mateo 24:12), nuestra fe (Lucas 18:8), y nuestra firmeza (Lucas 21:26). Aun en los tiempos antiguos la gente de Dios fue afectada por los pecadores y el pecado. Por eso, Él halló necesario exhortarlos frecuentemente a que se guardaran y buscaran acercarse a Él (Salmo 37: 1, 7).

Versículo 3:

"Amados, por la gran solicitud que tenía de escribiros acerca de nuestra común salvación, me ha sido necesario escribiros exhortándoos que contendáis ardientemente por la fe que ha sido una vez dada a los santos."

Todo el mundo es amado por Dios (Juan 3:16), pero solo los santos (los salvos) son llamados **AMADOS** en la Escritura.

No hay en este versículo la idea que Judas cambió su propósito original. El lenguaje no exige tal interpretación, aunque es muy popular. Él sencillamente nos dice cuál es el aspecto de la salvación común a todos los creyentes; que él se sintió obligado a explicar. Ya que la salvación se obtiene por "fe" (Efesios 2:8-9) es necesario que nos guardemos de la corrupción de esa fe. ¡Cuántas veces la Escritura nos advierte refiriéndose a los profetas falsos! La palabra **FE**, como se usa en la Escritura, frecuentemente refiere al contenido total de nuestras creencias, o el mensaje que creemos (Hechos 14:22; 16:5; Romanos 3:3; 10:8; 1 Corintios 16:13; Gálatas 1:23, etc.).

Cuando Dios rescata o redime a los pecadores, esa acción es llamado **SALVACIÓN**. Es así que nosotros (los creyentes) somos librados de la **pena** del pecado, que es la muerte espiritual, eterna (Romanos 6:23) y de la **culpa**, del **juicio** de Dios del pecado, y de la **ira** de Dios (Juan 3:36). En verdad, el Señor nos libra de la **pena** del pecado, del **poder** del pecado, y en el cielo, de la **presencia** del pecado.

La **SALVACIÓN** incluye la idea de sanar, o la sanidad (1 Pedro 2:24) y la preservación (véanse los apuntes sobre el versículo 1). Muchas personas de religiones falsas se burlan de esta palabra, o dan otras definiciones a la palabra. Quizás lo hacen porque nunca creyeron tener la necesidad de la "liberación" y/o la sanidad de las miserias del pecado. Sin embargo, a las personas que han experimentado la convicción bíblica en cuanto a estos asuntos, consideran la palabra **SALVACIÓN** una palabra gloriosa. Es una "tan g_____"salvación (Hebreos 2:3), y una salvación e_____ (Hebreos 5:9). Es tal porque es la salvación que Dios ha provisto (Lucas 3:5). Podemos agradecer a Dios que vivimos en el día de la salvación (2 Corintios 6:2).

La salvación que menciona Judas, la llama **Común** porque todos los creyentes (los salvos) tenemos el mismo **SALVADOR** (Hechos 4:12), la misma **gracia** (Tito 2:11), el mismo **método** de ser salvo (Romanos 10:12-13), y los mismos **resultados** (Juan 5:24).

El Espíritu Santo inspiró a Judas a ESCRIBIR esta epístola, así como hizo con los otros escritores de la Escritura. Estas palabras no resultaron de la voluntad de Judas (2 Pedro 1:21). ¡Debemos agradecerle a Dios que tenemos la Palabra de Dios en forma permanente!

Ya que esta epístola fue escrito a todos los cristianos (:1), cada uno de nosotros tenemos la exhortación a

CONTENDER ARDIENTEMENTE POR LA FE. La palabra raíz de esta palabra, que es traducido CONTENDER ARDIENTEMENTE aquí, es entendido por la palabra "luchando", como aparece en Colosenses 1:29. Esto muestra que Pablo, quien escribió Colosenses, obedeció este mandato. Se ve que Epafras obedeció el mandato por orar (Colosenses 4:12) encarecidamente. La palabra "encarecidamente" es la misma palabra que se tradujo, "ardientemente." No podemos hallar ejemplos mejores que estos dos hombres.

Las palabras "**UNA VEZ**" significan **UNA VEZ PARA SIEMPRE**, como se ve en 1 Pedro 3:18 y Hebreos 9:28 (Cristo murió [fue ofrecido] una sola vez para siempre), y nunca será sacrificado otra vez. No hay necesidad de una repetición (revisión), modernización, ni un substituto.

Nota: La muerte de Cristo una vez para siempre es todo suficiente. Nunca se ofrecerá otra vez. Este hecho descarta la celebración de la Misa donde, supuestamente, mágicamente, se ofrecen la sangre y el cuerpo de Cristo (Hebreos 9:24-28). Además, si un creyente podría "perder" la salvación, nunca podría volverse a salvar porque sería necesario que Cristo fuera crucificado otra vez. Esto no sucederá (Hebreos 6:4-6).

"Porque es imposible que los que una vez fueron iluminados y gustaron del don celestial, y fueron participes del Espíritu Santo, y asimismo gustaron de la buena palabra de Dios y los poderes del siglo venidero, y recayeron, sean otra vez renovados para arrepentimiento, crucificando de nuevo para sí mismos el Hijo de Dios y exponiéndole a vituperio".

Esta **"FE"** es suficiente para hacernos sabios para la salvación (2 Timoteo 3:15); para perfeccionarnos (2 Timoteo 3:17), y para eliminar nuestras deudas (2 Pedro 1:19).

La palabra **SANTOS** significa "los que son santos, o piadosos. La palabra es traducida así en el versículo 20, dos veces. En el Salmo 50:5 se describen los santos de Dios como los que "hicieron pacto con Dios por medio de un sacrificio. La **FE** fue entregada una vez para siempre, a los hombres santos para que la anotaran según 2 Pedro 1:21. Los de nosotros que la hemos recibido debemos ser santos también (1 Pedro 1:16). Pablo tenía mejor visión de Dios mientras era ciego al mundo. Ser ciego al mundo nos ayudará ver a Dios mejor también.

La palabra **SANTOS**, como se usa en la Escritura describe a los que tienen vida... los vivos. No se usa de una persona específica, considerada muy piadosa y designado por una religión, "un santo". Esta verdad se ve en contraste a lo que se enseña por algunas y varias religiones. ¡Solo los (santos) con vida en este mundo pudieren usar esta expresión, o recibir una epístola como Judas, o contender ardientemente por la FE bíblica!

La FE (en forma abreviada), por la cual debemos contender, se ve en 1 Corintios 15:1-4. En ese pasaje se presentan seis doctrinas o verdades que son vitales o básicas y absolutamente necesarias para la salvación: **(1)**

La salvación es por el evangelio, más nada y menos nada; **(2)** El Salvador es Jesucristo únicamente; **(3)** Él se dio a sí mismo como sacrificio sustitucional en nuestro lugar; **(4)** Todos los hombres somos pecadores y hemos pecado; **(5)** La Escritura; y **(6)** La resurrección corporal de Jesucristo.

Todo el mundo puede salvarse si cree el testimonio de la Escritura cuando dice que (1) somos pecadores, (2) Cristo murió por nuestros pecados, conforme a la Escritura, (3) que Él fue sepultado, y (4) Él resucitó al tercer día conforme a la Escritura. Él hizo todo eso para pagar por nuestros pecados y para poder salvarnos. Es necesario confiar en Él únicamente (Hechos 4:12; 1 Juan 5:9-13). **¿Ha creído usted con corazón sincero en Jesucristo como su Salvador único y suficiente?**

Versículo 4:

"Porque algunos hombres han entrado encubiertamente, los que desde antes habían sido destinados para esta condenación, hombres impíos, que convierten en libertinaje la gracia de nuestro Dios, y niegan a Dios el único soberano, y a nuestro Señor Jesucristo."

Es necesario contender por la fe, porque hay hombres que "**han entrado encubiertamente** a las iglesias. Tomás Manton dijo que la iglesia puede llenarse sin que el cielo lo haga. Cuando un río se vuelve más ancho sin profundizarse, pierde fuerza; así una iglesia local con grandes números, pero sin profundidad (madurez) espiritual tiene poca fuerza. Cuando se llena la iglesia local con personas no salvas y carnales (no piadosas), se vuelve débil. Pablo advirtió a los de Corinto en cuanto a recibir, en su congregación a personas que predicarían otros **Jesús**, otro **Espíritu**, y otro **evangelio** (2 Corintios 11:4). Lo que una persona cree en cuanto a estas tres verdades o doctrinas básicas bien puede servir para determinar si la persona es cristiano real, verdadero o no.

Nota: Lo que un individuo o un grupo de individuos creen y enseñan en cuanto a Jesús, en cuanto al Espíritu Santo, y en cuanto al evangelio, o en cuanto a la salvación (como es la salvación, como se consigue, y los resultados en la vida de uno al salvarse) nos confirma si son cristianos bíblicos, o no.

Ejemplos:
1. **Jesús es el único Salvador** y ninguna otra persona nos puede salvar (Hechos 4:12; 1 Timoteo 2:5).
2. Jesús es Dios. (1 Juan 1:1) No es "un dios."
3. El Espíritu Santo es una persona, no una "fuerza". Él es espíritu, así como Dios Padre (Juan 4:24) y como el Padre, Él tiene las características de una persona. Él puede consolar (Juan 15:26), dar testimonio, enseñar, etc. Además, Él puede entristecerse (Efesios 4:30), la gente miente a Él (Hechos 5:3-5). **No hace falta "un cuerpo" para que haya personalidad.**
4. **El evangelio** es sencillamente:
    a. Que **somos pecadores** (Romanos 3:23

b. Que la paga de pecado es la muerte (Romanos 6:23)
c. Que **Dios nos ama** (Juan 3:16; Romanos 5:8)
d. Que **Jesucristo murió en nuestro lugar** y así tomó nuestro castigo (Isaías 53:1-9; 1 Corintios 15:1-4)
e. **La dádiva de Dios es vida eterna en Cristo Jesús** (Romanos 6:23; 1 Juan 5:9-13; Romanos 10:13, Hechos 16:30)
f. **Somos salvos por fe,** por la gracia de Dios, **sin las obras** (Efesios 2:8-9) Aunque no somos salvos **por** las obras, Él ha preparado obras **para** los que somos salvos (Efesios 2:10).

Profetas falsos han entrado encubiertamente a las iglesias y a nosotros, pero Dios los reconoce. Él sabe quiénes son y da discernimiento para que nosotros los podamos reconocer. La palabra "destinados" es una palabra griega que se traduce, "escrito de antemano". La palabra es hallada en Romanos 15:4 (Véase también Efesios 3:3). En Gálatas 3:1 se traduce "ante cuyos ojos Jesucristo fue ya presentado…" Es una descripción de la predicación de Pablo en cuanto a Cristo. Obviamente no significa "obligar a algo pasar," sino solo reportarlo. La Escritura no solo profetiza en cuanto a la experiencia de los profetas falsos (Deuteronomio 13:1), pero también en cuanto a su condenación (Isaías 9:14-15). La palabra de Dios, numerosas veces, habla de la condenación que vendrá sobre los que rechazan la Palabra de Dios (Juan 12:48) y los que la pervierten (Galatas1:6-9). Nuestra actitud en cuanto a la Palabra de Dios, especialmente en cuanto al evangelio, debe ser una de reverencia y de recepción.

La Escritura usa la palabra "**impío**" no solo como una descripción de los que son muy perversos, malvados, y muy inicuos, pero también para los por quienes Cristo m_____Romanos 5:6); por todos nosotros. La verdad es que estos hombres son "perdidos" (no salvos). Hay dos cosas que dan evidencia de que son perdidos; ellos **convierten en libertinaje la gracia de Dios, y niegan a Dios, y el Hijo de Dios, Jesucristo.**

LA GRACIA DE NUESTRO DIOS nos enseña que debemos renunciar a la iniquidad y los deseos mundanos y vivir en este siglo **sobria**, **justa** y **piadosamente** (Tito 2:11-12). En contraste, estos hombres impíos convierten la gracia (don no merecido) de Dios en libertinaje. Libertinaje es una palabra que se asocia normalmente con la inmoralidad (Romanos 13:13; 2 Corintios 12:21; 2 Pedro 2:7). En estos textos se traduce, "nefanda" (sucia) y sirve como descripción de los Sodomitas. Estas palabras pueden usarse de los líderes religiosos que aprueban o dan asentimiento a la homosexualidad, y a los divorcios y matrimonios adúlteros. Las palabras, además, significan, según el profesor Trench, insolencia (descarado), y el atrever practicar cualquiera cosa y todo capricho, sin restricciones. Pablo, constantemente tuvo que enfrentarse a este problema (Romanos 6:1; 3:8), y lamentablemente, nosotros también. Judas escribió para esta época también.

La regla de Granville Sharp (maestro de griego) en cuanto a la gramática griega, es, que cuando haya dos nombres (sustantivo) que se conectan con una conjunción (unión o la "y"), pero que solo el primero tiene un artículo definido, **los dos nombres refieren a la misma persona** o cosa. Viendo que tenemos esa situación en la frase, **"DIOS EL UNICO SOBERANO, Y A NUESTRO SEÑOR JESUCRISTO",** tenemos la clara enseñanza de la deidad de Cristo. La expresión SEÑOR "el único soberano" se traduce "amos" en 1 Timoteo 6:1-2, refiriéndose a un señor (amo) de esclavos. **Los maestros falsos niegan que nuestro Señor Jesucristo es "el único soberano"** sobre los hombres. Las expresiones (jerigonza) populares hoy día son: Haga lo que le complazca y sé un espíritu libre". Hay más: "Si le agrada, hágalo". "Si se siente bien (físicamente), no puede ser malo".

Frecuentemente en la Biblia, la palabra "SEÑOR" se aplica a Dios, enfatizando Su deidad, pero también se usa en el sentido de familia (1 Pedro 3:6; Mateo 21:30, donde se traduce señor [Don]) que muestra respeto por una autoridad. ¿Cuántas personas reconocen estas dos relaciones? **Cristo es, a la vez, el soberano absoluto, y la cabeza de toda la familia** en el cielo y en la tierra (Mateo 28:18). Los profetas falsos niegan esta verdad.

Judas, muchas veces agrupa **frases en grupos de tres.** Compare los versículos 4, 5-7, 8, 11, 15 y 19. Excepto por los versículos 5-7, 8, estas descripciones triples tienen el mismo orden. <u>Versículo 4:</u>
(1). Impíos,
(2). Convierten la gracia de Dios en libertinaje

(3). Niegan a Dios
Versículos 5-7
(1). No creyeron
(2). Sodoma y Gomorra
(3). Ángeles
Versículo 8:
(1). Blasfeman de las potestades superiores
(2). Mancillan la carne
(3). Rechazan la autoridad
Versículo 11:
(1). Camino de Caín
(2). Error de Balaam
(3). Contradicción de Coré
Versículo 15:
(1). Impíos
(2). Obras impías
(3). Cosas duras
Versículo 19:
(1). Causaron divisiones
(2). Sensuales
(3). Sin el Espíritu Santo

Versículo 5:

"Mas quiero recordaros, ya que una vez lo habéis sabido, que el Señor, habiendo salvado al pueblo sacándolo de Egipto, después destruyó a los que no creyeron."

Frecuentemente, la Escritura nos recuerda de cosas (2 Pedro 1:12; Filipenses 3:1; 2 Tesalonicenses 2:5) porque

rápidamente se nos olviden. Dios sabe que el hombre nuevo necesita ser revestido del nuevo
hombre (Colosenses 3:10). **Dios usa el principio de la repetición para enseñarnos Su Palabra** (Isaías 28:10). Cristo usó la repetición también (Mateo 5:3-12 y Lucas 6:20; Mateo 5:29-30 y Marcos 9:43-48, y muchos pasajes más). El Espíritu Santo repitió muchas verdades en los libros de Samuel, Los Reyes, y Crónicas, así también en los cuatro evangelios. El nombre "Deuteronomio" significa: "dar segunda vez la ley". **Los predicadores y los maestros deben buscar métodos interesantes para repetir sus mensajes.** Los cristianos deben estudiar las verdades repetidas veces; solo así podemos ser transformados y comprobar cuál sea la buena voluntad de Dios (Romanos 12:1-2).

SALVO aquí significa algo físico; una liberación física (Filipenses 1:19). Fue de la tierra de Egipto que el Señor libró o salvó al pueblo judío, y no de sus pecados (Mateo 1:21). Tampoco los salvó de la i___ de Él (Juan 3:36). Seguramente nadie diría que la multitud mezclada (Números 11:4), o los idólatras (1 Corintios 10:7) fueron regenerados o salvos al salir de Egipto. La idea tras esta palabra es que el **Señor hizo grandes cosas físicas para ellos**, pero, a pesar de todo lo que Él hizo, aun dando evidencias de Su gran poder y cuidado de ellos, Él, finalmente, tuvo que destruir a los que obstinadamente rehusaron creer en Él, especialmente en cuanto a la posesión de Canaán (Véase Hebreos 3:16-19). Privilegios grandes no son una garantía de una relación correcta con Dios. Él puede bendecirnos en muchas maneras, pero Él siempre exige "fe"; sin la cual es imposible agradar a Dios o acercarse a Él (Hebreos 11:6).

Hay también una aplicación para el cristiano. De la misma manera que los israelitas ejercieron fe cuando observaron la pascua, así nosotros ejercemos fe en Cristo, nuestra pascua, quien fue ofrecido para nosotros. Él consiguió la salvación para nosotros por ofrecerse como nuestro cordero pascual. Aunque los israelitas tuvieron fe para observar la pascua, no creyeron a Dios cuando les prometió la victoria para poseer la tierra de Canaán (Números 14:11), y fueron destruidos físicamente en el desierto. De la misma manera, el cristiano que cree en Dios para la salvación eterna, pero, que no cree para tener la victoria día en día en su vida, puede esperar la destrucción de su **testimonio**, de su **reputación** (aun como los judíos en el desierto), y la destrucción de su **eficacia** (Apocalipsis 2:5), y finalmente, es posible **morir físicamente** como una parte de la disciplina de Dios de Sus hijos (1 Juan 5:16); 1 Corintios 11:30). Esta destrucción física no siempre viene inmediatamente. Muchos de los judíos sobrevivieron 40 años después de desobedecer a Dios en incredulidad. ¡Su destrucción fue algo gradual, inclusivo, pero final! Hoy día muchos **cristianos tienen la idea de que pueden pecar sin consecuencias,** y sin ser disciplinado o castigado por Dios. Los incrédulos proclaman que, "Un Dios de amor no castiga a nadie." Desafortunadamente muchos creyentes han aceptado esta idea. **¡El mismo Dios de amor, es Dios tres veces santo y justo!** Nosotros debemos hacer caso a las advertencias que Dios da en Su Palabra. Las Escrituras están repletas de ejemplos de personas que no hicieron caso. Es cierto que Dios es misericordioso y que Él es sufrido, pero no siempre esperará para traer juicio o disciplinar a los que son verdaderamente sus hijos (Hebreos 12:7-11). **¡Dios nos ayude!**

Versículo 6:

"Y a los ángeles que no guardaron su dignidad, sino que abandonaron su propia morada, los ha guardado bajo oscuridad, en prisiones eternas, para el juicio del gran día..."

Parece claro que los demonios son los ángeles caídos. Lucas en 4:33 de su evangelio habla del espíritu de un demonio inmundo; en el versículo 35 Jesús lo llama un demonio, y las personas que estuvieron presentes para ver el milagro llamaron al demonio un espíritu inmundo (:36). En Hebreos 1:14 se da la descripción a los ángeles de que son "espíritus". Los espíritus inmundos serían los ángeles seguidores del diablo (Mateo 25:41). Por esta razón, algunos de los ángeles malos tienen libertad para vagar en la tierra y servir a Satanás, y afligir a la gente, mientras otros **ESTÁN RESERVADOS (encarcelados) EN CADENAS, PRISIONES DE OSCURIDAD** hasta el juicio del gran día. Pedro llama a estos los espíritus encarcelados en prisiones (1 Pedro 3:19) y los espíritus que desobedecieron. Él describe estas cadenas de oscuridad como el infierno (2 Pedro 2:4). La palabra griega es "tártaros" (el abismo más profundo del Hades, en el tormento eterno).

¿Por qué algunos ángeles (espíritus) malignos andan libre y otros no? Este versículo presenta dos razones; **(1)**. "Y los ángeles que **no guardaron su dignidad**…" (dignidad, dominio, rango). Esto no puede referirse solo a su lugar, ya que los que andan libres hicieron esto. La palabra se traduce PRINCIPADOS en Efesios 6:12 y Romanos 8:38, refiriendo a su poder, o su esfera de acción. En Efesios 6:12 el escritor lo contrasta con carne y sangre, que es la esfera de acción de los seres humanos. **(2)**. Ellos abandonaron su propia morada, y esto refiere a su manera de vivir (la misma palabra se traduce "casa" en 2 Corintios 5:2 y describe el cuerpo y la manera de vivir que tendremos en el cielo).

Ambos, Pedro y Judas suponían que los que leyeran sus epístolas tendrían conocimiento acerca de lo que mencionaban, poniendo este incidente en el contexto de otros incidentes conocidos; conocidos por los que conocían la Escritura. A no ser que esta experiencia se describe en Génesis 6, no tenemos un récord en la Escritura que habla del momento cuando los ángeles cambiaron su esfera de acción o su forma de existencia. Por eso muchos que creen en la Biblia han llegado a la conclusión de que esos son "los hijos de Dios" de Génesis 6; aunque hay dificultades que existen para esta interpretación.

Otra razón porque creer eso es la comparación de los pecados de los ángeles con el pecado de Sodoma y Gomorra, que se muestra por el uso de la palabra **"COMO"** en el versículo 7.

Otros que creen el testimonio de la Biblia rechazan esta idea y señalan varias razones.

Sin embargo, la verdad sobresaliente aquí es que aun los ángeles con todos sus privilegios y poder no escaparon el juicio de Dios cuando rechazaron Su autoridad. **El tema de Judas es el juicio de Dios sobre los apóstatas.** Esto se comprueba por la presentación de varios ejemplos bíblicos, habiéndolos escogido (por la inspiración del Espíritu Santo) porque ilustran las tres clases de rebelión que él enfatiza (Véase la comparación en los apuntes sobre el versículo 4).

Por lo tanto, no importa cual interpretación se sigue, la lección es siempre la misma; **Dios juzga al rebelde** y tenemos muchos pasajes bíblicos para confirmarlo.

EL JUICIO DEL GRAN DIOS refiere al tiempo cuando los santos juzgarán a los á_____ (1 Corintios 6:3). Los demonios dan cuenta de ese tiempo (Mateo 8:29). Los ángeles caídos (malos), probablemente serán lanzado al lago de fuego cuando el diablo es lanzado al lago de fuego al final del reino de mil años del Señor Jesucristo (Apocalipsis 20:10).

Versículo 7:

"Como Sodoma y Gomorra y las ciudades vecinas, las cuales de la misma manera que aquellos, habiendo fornicado e ido en pos de vicios contra naturaleza, fueron puestos, por ejemplo, sufriendo el castigo del fuego eterno."

Sodoma debía ser el líder, ya que es mencionado mayor número de veces (Sodoma 37 veces, Gomorra 18 veces y la tierra de Sodoma en Mateo 11:24). Dos ciudades más se nombran en Deuteronomio 29:23, Adma y Zeboim (también en Ósea 11:8), pero muchas veces es sencillamente "el pecado de Sodoma" (Lamentaciones 4:6; Ezequiel 16:49). Por eso, aprendemos que ninguna persona, ciudad o nación puede pecar sin afectar a otros. Las malas c_____ corrompen las buenas costumbres (1 Corintios 15:33). La Escritura advierte aun a los cristianos que ellos deben tener cuidado de no causar que otros caigan, sean salvos o perdidos (1Corintios 8; Romanos 14).

Es obvio que el pecado de Sodoma y las otras ciudades era la inmoralidad general, y la homosexualidad específicamente. Génesis 19:5 dice que ambos los hombres viejos y jóvenes pensaron que los ángeles que visitaron a Lot eran hombres y ellos quisieron c_____ los sexualmente. La palabra **CONOCER** se usa frecuentemente en la Escritura para describir la relación sexual (Mateo 1:25; Lucas 1:34). Dios dijo que los hombres de Sodoma eran "malos y pecadores contra Jehová en gran manera" (Génesis 13:13). En Romanos 1:26-27 la homosexualidad se describe como "pasiones vergonzosas", sean hombres o mujeres.

Judas dice que tales acciones son vicios contra la

n_____ (versículo 7). La pena que se sufre por estos pecados, es, como la pena que sufre todo pecador no arrepentido, el castigo de fuego eterno en el infierno.

GRACIAS A DIOS HAY SALVACIÓN PARA TODO EL MUNDO, PORQUE <u>CRISTO JESÚS SUFRIÓ LA PENA O EL CASTIGO PARA TODOS.</u>

Pero, sí hay que creer en Cristo como Salvador personal. Pecado es pecado. Romanos 3:23 nos recuerda que "Todos hemos pecado."

Nota: Si al leer esta porción del libro de Judas, usted se siente incómodo o cree que el escritor le ha señalado específicamente injustamente, hay que recordar que Cristo quiere salvar y perdonar a todos nosotros. No permita al enemigo producir en usted rencor o rebeldía. Por favor recuerde que **Dios le ama y sacrificó a Su Hijo por todos nosotros.**

Si creemos la Palabra de Dios, no podemos adoptar la actitud moderna de que la homosexualidad es sencillamente "otro estilo de vida a_____. ¡La homosexualidad nunca es correcto; siempre es malo y contra naturaleza! No podemos hablar de los **derechos** de los homosexuales (o lesbianas), así como no podemos hablar de los derechos de los homicidas o de los derechos de los adúlteros.

En los EE.UU. todos los ciudadanos tienen derechos legales garantizados por la constitución. Estos derechos, dentro de la ley, permiten a personas practicar "el estilo de vida que prefieren", pero eso no cambia la verdad divina.

Los pecados de Sodoma y Gomorra son acciones contra la naturaleza y contra la voluntad de Dios. En 1 Corintios 6:9-10 hay una lista de pecados que, si se practican habitualmente, y si no hay arrepentimiento verdadero, los individuos dados a estos pecados no "heredarán el r de Dios.

Gracias a Dios el versículo 11 muestra que las personas culpables de estos pecados pueden ser "lavados, santificados, y justificados en el nombre del Señor Jesucristo y por el Espíritu Santo de Dios".

Algunos de los Corintios vivían en esos pecados antes de arrepentirse and creer en Cristo como Salvador Personal.

Es un error buscar comprobar, usando este versículo de Judas, que el fuego eterno no es eterno o para siempre. Algunas personas han intentado hacer eso por decir que "es un hecho confirmado que Sodoma no sigue en llamas hasta el día de hoy". El versículo enseña lo contrario. ¡Las palabras **SODOMA, GOMORRA Y CIUDADES** no refieren a los edificios de esos lugares, sino a los habitantes! Los edificios no cometen fornicación. Fueron las personas que fueron inmorales, y son las personas que están todavía **SUFRIENDO EL CASTIGO DE FUEGO ETERNO.** El contraste es obvio; fuego temporal versus fuego eterno. Los que rechazan la doctrina (verdad bíblica) del sufrimiento eterno en el infierno deben reconocer que ellos rechazan las palabras del Señor

JUDAS: VERSÍCULO POR VERSÍCULO

Jesucristo. Él describió ese sufrimiento diciendo, "donde el gusano de ellos no m_____ y el fuego nunca se a_____ ". Él mencionó tres veces que el gusano no muere y cinco veces que el fuego no se apaga (Marcos 9:43-48).

Versículo 8:

"No obstante, de la misma manera también estos soñadores mancillan la carne, rechazan la autoridad y blasfeman de las potestades superiores."

La expresión **ESTOS SONADORES que MANCILLAN LA CARNE** fueron presentados en el versículo 4. Son llamados "soñadores" porque no aceptan la realidad. Estos pecados serán castigados. Estos hombres viven una fantasía, si creen que Dios no juzgará sus pecados. Las gentes de hoy día que practican estos pecados se engañan (Gálatas 6:9) si creen que pueden practicarlos sin ser juzgados. Demasiadas personas niegan la doctrina de los varios juicios, a pesar de intentar conservar otras porciones de la Escritura.

Hay que revisar los apuntes sobre el versículo 4 para la comparación de estos pecados y las ilustraciones que hay en los versículos 5-7.

Las personas que imitan a los de Sodoma, y que viven en la inmoralidad, M_____ LA CARNE. Algunos de ellos imaginan que glorifican su carne y que la satisfacen, pero, al contrario, en realidad la deshonran entre sí, y a sus propios cuerpos (Romanos 1:24). Estos individuos pecan contra su propio cuerpo (1 Corintios 6:18). Proverbios 6:32 dice, "Mas el que comete adulterio es falto de entendimiento; "él c_____ su alma." No debemos escuchar y hacer caso a los que convierten en libertinaje la gracia de Dios, y niegan a Dios (versículo 4), y permiten toda forma de inmoralidad.

La expresión, "desprecian el señorío" es igual a "despreciar al gobierno" (2 Pedro 2:10); es la misma palabra griega. La referencia es a toda autoridad instituida por Dios, comenzando con despreciar a Dios. También se incluyen las autoridades (gobiernos) humanas, el marido, los padres, y hasta el pastor, y otros líderes de las iglesias.

Es verdad, sin embargo, que debemos obedecer a DIOS antes de obedecer a los hombres (Hechos 5:29). Cuando lo que exigen los hombres entra en conflicto con la ley divina; debemos obedecer a Dios. Nunca debemos tener la actitud de los profetas falsos, y despreciar a toda autoridad. La Biblia condena la actitud de rebelión. Después de pasar una noche en el foso de los leones, por razón de una necia y egoística ley del Rey, Daniel dijo, "Oh rey, vive para siempre." (Daniel 6:21). Por lo tanto, aun **cuando las autoridades se equivocan** y nos vemos obligados a desobedecerlos, debemos mantener respeto, y **tener cuidado de no despreciarlos.** Rechazar las autoridades, es rechazar a Dios.

Hoy día tenemos grandes problemas en ciertas partes del mundo porque, aparentemente, existe una generación de personas que creen que "pueden resistir las autoridades

JUDAS: VERSÍCULO POR VERSÍCULO

establecidas por Dios" (Romanos 13:1-5). No me equivoqué. La Palabra de Dios dice que toda autoridad (gobiernos, los padres, los maestros, los pastores, y aun los agentes de policía locales y nacionales) es establecida por Dios. Claro, se reconoce que hay unas pocas personas que son abusivas en cuanto a su autoridad y el ejerció de ese poder. Sin embargo, la verdad es que "la mayoría son buenos y buscaron su oficio con el propósito de servir y proteger a la comunidad. Cuando una persona resiste a las autoridades porque se descubrieron cometiendo algún delito, solo agravan la situación. La persona inocente no tiene por qué resistir. Los padres y maestros que tienen fe en la palabra de Dios enseñarán estos principios a sus hijos y estudiantes. Hay manera de corregir las "injusticias", pero no es por cometer más crímenes, disturbios violentos, destructivos, o robar. Hay mucha diferencia entre demostraciones pacíficas y los disturbios violentos que se usan para motivos políticos. (Comentario por: Dr. Bob C Green)

La expresión **POTESTADES SUPERIORES** es de una palabra griega que se traduce "gloria" en 2 Corintios 8:23, donde Pablo la usa para referirse a sus hermanos; los que eran m_____ de las iglesias. Los apostatas no solo desprecian la autoridad de Dios, de gobiernos, y de los esposos, pero también la autoridad de los predicadores que fielmente predican la Biblia en las iglesias. Ciertamente, "rechazar" una autoridad establecida por Dios puede resultar en el rechazo total de la autoridad en otras áreas de la vida. ¡Es una cosa muy seria hablar en contra de los predicadores que son fieles a la Palabra de Dios en sus predicaciones! El Señor muestra Su estimación y respeto por Sus predicadores cuando los llama la "Gloria de Cristo" (2 Corintios 8:23). ¡Ay de los **que no tienen la actitud que tiene Dios en este asunto!**

Versículo 9:

"Pero cuando el arcángel Miguel contendía con el diablo, disputando con él por el cuerpo de Moisés, no se atrevió a proferir juicio de maldición contra él. Sino que dijo: "El Señor te reprenda."

Miguel es el único arcángel que se menciona en la Escritura. En Daniel 10:13 él es llamado "uno de los principales príncipes" y así se entiende que puede haber otros iguales o semejantes. En Daniel 10:21 y 12:1 se muestra que su responsabilidad especial es la de cuidar a los hijos del pueblo de Dios, o el pueblo de Daniel (los israelitas). El conflicto descrito en Daniel 10:12-20 indica que varios ángeles, buenos y malos tienen poder en cuanto a resistir el plan de Dios y a Su pueblo. Haga una comparación entre estos versículos y Ezequiel 28:12-19, donde el rey de Tiro parece ser Satanás. El único ángel que se nombra además de Miguel es G_____ (Lucas 1:26). Ni en este pasaje es llamado "arcángel".

Las palabras de Apocalipsis 12:7 muestran que Miguel es líder de los ángeles que luchaban contra el d_____ y los ángeles que lo seguían. Judas aquí reporta otro conflicto entre estos dos. Esta información, posiblemente, salió de la literatura judaica, o puede ser que Judas la recibió por revelación directa de Dios, y él lo apuntó. Es cierto que el

Espíritu Santo dio la información como un hecho, aunque los escritos del Antiguo Testamento no la mencionan. Al ver la comparación entre este versículo y Apocalipsis 12:7, aprendemos que Miguel es más poderoso que el dragón. ¡Oh cuan necio es entonces que algunas personas creen que Dios es, fundamentalmente bueno y que Satanás es fundamentalmente malo, y que los dos están luchando para tener la supremacía! Dios está tolerando al diablo por razones que Él tiene. Dios destruirá a Satanás cuando llegue el momento designado (Apocalipsis 20).

Satanás, probablemente, deseaba tener el **CUERPO DE MOISÉS** para que sirviera como ídolo para el pueblo de Israel. Satanás, sin duda, fue responsable por la idolatría de los judíos cuando adoraron a la serpiente de bronce (2 Reyes 18:4) y el becerro de oro. 1 Corintios 10:19-20 muestra que, cuando la gente ofrece sacrificios a imágenes o ídolos, en realidad, **ellos ofrecen sacrificios al diablo**. Este pasaje en 1 Corintios 10 es una referencia a Deuteronomio 32:17, y muestra que el diablo es responsable por toda idolatría. La adoración de imágenes o el uso de imágenes para adorar a Dios, es prohibido por Dios en los diez mandamientos (Éxodo 20:1-5). La adoración de imágenes es adoración al diablo. Israel, constantemente, tenía la propensión hacia la idolatría. El hombre natural (no creyente) siempre quiere **"ver"** algo (una imagen de alguno o alguien, y aun una cruz o crucifijo) **para adorar**. Es por eso que Dios, que no se ve; porque Él es espíritu, ha prohibido el uso de imágenes para la adoración; inclusive la adoración de Él. Nosotros debemos guardarnos de tales pecados. En 1 Juan 5:21

hay una advertencia, **"Hijitos, guardaos de los ídolos."** No debemos hacer ídolos de las cruces, los religues, u otros símbolos religiosos.

Los paganos que adoraban a la diosa Diana (Hechos 19:23-28), tuvieron miedo de perder su gran negocio de hacer imágenes para la adoración de Diana; si la gente hiciera caso a la predicación del evangelio de Pablo. Los plateros iban a perder su clientela si la gente se convirtiera. Lamentablemente las religiones del mundo entero tienen la misma preocupación hoy día. Ellos, probablemente, no tienen por qué preocuparse, porque la gente que no acepta la Palabra de Dios como la única base de su fe y práctica, seguirán la adoración de imágenes e ídolos. **La gente "anda por vista y no por fe."** (2 Corintios 5:7). Además, es un error pensar que se comete la "idolatría" únicamente cuando uno se humilla o se inca ante un dios hecho por manos humanos. Cualquiera cosa o persona puede convertirse en ídolo. Colosenses 3:5 dice que la a_____ es también, idolatría. Lo que toma el lugar de Dios en nuestra vida se convierte en ídolo o dios falso.

Miguel resistió el propósito maligno de Satanás. Miguel entendía la tendencia del hombre de ser idolatra.

Hebreos 1:14 y Mateo 18:10 enseñan que los ángeles cuidan a la gente de Dios. Se preocupan por los pecadores perdidos (Hechos 10:3; Lucas 15:10); por nuestro comportamiento en la iglesia (1 Corintios 11:10; Efesios 3:10); por Jesús (Mateo 4:11); por nosotros en nuestras pruebas (Lucas 22:43; Daniel 6:22; Hechos

27:23-24); por nuestro traslado a cielo al morir (Lucas 16:22), y en cuanto a juntarnos cuando vuelva el Señor Jesucristo (Mateo 24:31).

La contienda de Miguel fue con el diablo. La palabra "diablo" viene de la palabra griega "diábolos" que se traduce "**calumniadores**" (acusadores), falsos en Tito 2:3 y en 1 Timoteo 3:11 (difamadores). Estas traducciones nos ayudan a entender el énfasis principal del título, el diablo. La Escritura lo llama "serpiente" en Génesis 3:1 para denotar su sutileza. El nombre Satanás revela su carácter como un **adversario** (véase 2 Samuel 19:22, donde la palabra hebrea se traduce así). Él era el adversario de Israel (1 Crónicas 21:10 y de Josué, y así de muchas personas más.

Aunque Miguel es, obviamente, más fuerte o poderoso (Apocalipsis 12:7), él no le maldijo (Judas 9). Judas nos dice esto para demostrar cuan malo es, **RECHAZAR LA AUTORIDAD Y BLASFEMAR LAS POTESTADES SUPERIORES** (:8). Miguel no "profirió juicio de maldición, cosa que a él no le pertenecía. Uno de los impedimentos más grandes a la obra del Espíritu Santo es la actitud que tiene la gente en cuanto a Dios; es **la actitud de faltar respeto por las autoridades establecidas por Dios**. La gente, aun cristiana, no respeta esas autoridades. Este versículo muestra que no debemos creernos superiores, aun cuando las autoridades se equivocan. Haga una comparación de la actitud de David hacia Saúl en los pasajes como 1 Samuel 18:11, donde, en vez de tomar represalias contra Saúl por sus ataques contra David. David sencillamente salió de su presencia dos veces. Mas tarde David tuvo la oportunidad de matar a Saúl, pero rehusó hacerlo porque Saúl era el u_____ de Jehová (1 Samuel 24:6). Si David hubiera pensado como mucho de nosotros, él hubiera matado a Saúl. Él hubiera pensado, "Voy a ayudar a Dios elevarme al trono más luego, por eliminar a Saúl." Al contrario, David respetaba la autoridad dada a Saúl por Dios. David respetó a Saúl porque respetaba a Dios. David hizo eso a pesar de no "aprobar los pecados de Saúl." El respetar la autoridad establecida no exige la obediencia cuando obedecer sería pecado (véase: la actitud de Daniel en Daniel 6:10, 21). Eso tampoco impide que uno revele pecado.

El ejemplo de Daniel debe seguirse: revelar el pecado debe hacerse con la reprensión de Dios. Logramos eso por mostrar lo que la Palabra de Dios llama pecado. Este método es más eficaz que el dar nuestras palabras de disgusto, o por usar el razonamiento de la sociedad en contra de la maldad o los errores. Este principio debe servir de guía en las relaciones entre esposas y maridos, así también en las otras relaciones; entre hijos y padres, pastores y miembros y los ciudadanos y los gobiernos. Mientras no esquivamos nuestra responsabilidad de denunciar el pecado, **debemos nombrar el pecado con una actitud correcta, con respeto para las autoridades establecidas por Dios, y usando la Palabra de Dios con mansedumbre.**

Versículo 10:

"Pero estos blasfeman de cuantas cosas no conocen; y en las que por naturaleza conocen, se corrompen como animales irracionales."

Los profetas falsos **HABLAN BLASFEMIAS DE DOS COSAS,** según lo que se dice en el versículo 4; **(1).** La gracia de Dios y del **(2).** Señor Jesucristo. El versículo 10 declara claramente que **ELLOS NO CONOCEN A DIOS O A CRISTO**. Si conocieren la verdad de la gracia de Dios como se presenta en Tito 2:11-13, ellos no la hubieran convertido en libertinaje. Si conocieren al Señor Jesucristo, ellos no hubieran negado Su deidad y, al contrario, la hubieran confirmado como lo hicieron Juan (1:1), Mateo 1:23), y Pablo (1 Timoteo 3:16).

Ellos dependen de **LO QUE ELLOS CONOCEN POR LA NATURALEZA (humana)**, que siempre resulta en error en cuanto a los asuntos espirituales. Dios, y la verdad de Él no pueden conocerse por el hombre n_____ (1 Corintios 2:14); es imperativo que tengamos la revelación divina (Mateo 11:25-27 y 16:17). Esta es la razón porque vino el Unigénito Hijo de Dios al mundo. Aun los cristianos necesitamos la dirección del Espíritu Santo. Él ayuda y permite al creyente conocer la verdad profunda de la vida cristiana (Efesios 1:17 y Filipenses 3:15). Los errores de los evolucionistas y de los humanistas se hubieran evitado si los hombres hubieran conocido o recordado este principio. La Escritura se muestra "actual" cuando enseña aquí que los hombres, al depender del conocimiento natural, se corrompen, y creen que los hombres solo somos "animales". Es cierto que, sin Cristo, los hombres y mujeres se portan como animales "irracionales". (versículo 10). Hay un paralelo que no puede negarse, entre la aceptación de la teoría de la evolución y el aumento de la inmoralidad que ha resultado. Uno que ha estudiado la teoría (es teoría no un hecho comprobado) de la evolución y la filosofía que se propone que el ser humano no es más que un animal evolucionado, reconoce que, **si Dios no existe, y no es Creador, entonces el hombre no tiene que dar cuentas a Él.** Es natural para **el hombre que no le gusta dar cuentas… a Dios, a su cónyuge, a sus padres, a las autoridades, etc.** Si el hombre solo es otro animal, entonces puede vivir como animal… haciendo lo que es natural para los animales. El conocimiento natural corrompe; el conocimiento divino purifica (1 Pedro 1:22).

Versículo 11:

"¡Ay de ellos! Porque han seguido el camino de Caín, y se lanzaron por lucro en el error de Balaam, y perecieron en la contradicción de Coré."

Otra vez vemos un grupo de tres. Vemos una descripción del pecado y los pecadores (Véase el versículo 4). Se nos cuenta de **tres hombres** famosos que tuvieron grandes privilegios, pero que los abusaron. Estos hombres nos muestran **tres maneras de rechazar a Dios.** Sería sabio recordar que los tres fueron "hombres buenos" en los ojos de sus contemporáneos. Aun la Escritura no anota algo negativo en cuanto a ellos, hasta que, se mencionan sus pecados aquí. ¡Aun un hombre bueno puede rechazar a Dios y caer en pecados gravosos! Los tres tuvieron "religión." No fueron agnósticos o ateos. Todos creyeron en Dios y le siguieron hasta cierto punto en cierta manera. Aun los religiosos pueden rebelar en contra de Dios mientras celebran debes religiosos de su preferencia.

EL CAMINO DE CAÍN es rechazar las instrucciones, o dirección divina, y la gracia, y sustituir su religión por la fe en Dios. Caín rechazó y rehusó ofrecer el sacrificio de **sangre** para acercarse a Dios. Él trajo una ofrenda a Dios del **fruto de la tierra** (Génesis 4:3). Su sacrificio de verduras no era lo que Dios había pedido. Al hacer esto, él rechazo la instrucción dada por Dios. La **tierra fue maldita** después de la caída de Adán y Eva y además las verduras fueron productos de los labores u obras de Caín.

Caín rechazó la dirección y el ejemplo de Dios. Dios había ofrecido un animal en sacrificio, proveyendo **TÚNICAS DE PIELES** de un animal inocente (Génesis 3:21). Dios como Creador hubiera podido crear pieles de la nada. En Génesis 2:1-3 y en Éxodo 20:11 aprendemos que Dios terminó la creación en seis días. El sacrificio de esos animales señalaba que **la remisión de pecados iba a lograrse por el derramamiento de sangre (Hebreos 9:22).**

Estoy seguro que Caín ofreció de lo mejor de su huerto, pero lo mejor que podemos nosotros no es suficiente. En contraste a Caín, Abel trajo ofrenda y sacrificio de sangre de oveja. Él hizo eso por fe (Hebreos 11:4). Probablemente él aprendió hacer esto de sus padres, que a la vez habían aprendido de Dios y Su ejemplo. La **fe** de

JUDAS: VERSÍCULO POR VERSÍCULO

Abel se basaba en la **Palabra de Dios** (R_____ :__).
Su fe se expresó por sus obras (Santiago 2:18).
Lo peor es que Caín rechazo la **gracia** de Dios y la provisión de una ofrenda o sacrificio por el pecado. En Génesis 4:7 cuando se usó la expresión, "el pecado está a la puerta," se usó una expresión que tambíen se halla en Levítico para la ofrenda (sacrificio) o **expiación por el pecado.** En ese **momento Dios dirigía a Caín al sacrificio aceptable** e hizo que el animal (cordero) no le resistiera. Desafortunadamente Caín rechazó la provisión que Dios ofreció, por Su gracia. Caín escogió seguir en rebeldía y en su pecado. Él añadió a ese pecado, el pecado de matar a su hermano Abel. Es triste que él puso un ejemplo horrible para los que andan en su camino, de perseguir y hasta "matar" a los que no se conformen a sus ideas religiosas. Es increíble el número (millones) de cristianos bíblicos que han perdido sus vidas como mártires, sencillamente por creer en Cristo bíblicamente.

Los que siguen el camino de Caín hoy día rechazan las instrucciones de la Biblia, y ofrecen excusas, hablando de los errores de los hombres y de sus "interpretaciones" personales. Aun los humanistas recomienden la lectura de la Biblia para propósitos de interés humano. A pesar de lo que parece ser algo bueno, ellos rechazan la inspiración divina y se burlan de las doctrinas en cuanto al pecado y la salvación.

Muchos han **IDO EN EL CAMINO DE CAÍN** porque rehúsan aprender del ejemplo de Dios. Cuando los Fariseos preguntaron a Cristo en cuanto al divorcio, Él dirigió la atención de ellos, no a una discusión popular en cuanto al divorcio, sino al acto de creación de Dios (Deuteronomio 24), la creación de una mujer para un hombre (Génesis 2:18-25). Él les habló de la declaración de Dios que **"los dos serán una sola carne"** (Mateo 19:5). Los Fariseos ignoraban esta declaración divina en sus argumentos sobre el divorcio. El Señor Jesucristo nos enseña a aprender de las acciones de Dios, tanto como de Sus Palabras. Es muy importante recordar, el propósito original, y diferenciar entre lo que "se permite por la **dureza del corazón del hombre**", y lo que es el "plan de Dios desde el principio" (Mateo 19:5)

El ejemplo de Dios en cuanto a descansar un día de la semana tendría gran beneficio para nosotros, si dejaremos de rechazarlo. De igual manera los requisitos de Él en cuanto a sacrificios; en cuanto a Su provisión que permitía a los pobres "recoger espigas entre las gavillas" y Su paciencia con Israel, deben servir para nosotros como lecciones ilustradas.

Los seguidores de Caín muestran su error más trágico cuando ellos rechazan la provisión bondadosa de Dios en la persona de Su Hijo, Jesucristo. Una pregunta, "Si los hombres podemos ser salvos a parte del sacrificio de Cristo en la Cruz del Calvario, ¿Por qué Cristo murió allí? **No hay otra manera de salvarnos (Hechos 4:12).**

Los hombres no solo rechazan las instrucciones de Dios en cuanto a la justicia, algo que falta a los hombres sin Cristo, siendo que la justicia del hombre no es más que un trapo de i_____ ." (Isaías 64:6); rechazan el ejemplo del amor de Dios y Su provisión en la Cruz del Calvario, pero ellos rehúsan Sus Palabras. Prácticamente, por su incredulidad, declaran **que consideran a Dios mentiroso** (1 Juan 5:9-13). Dios ha dado testimonio de Su Hijo. Él dirige a ellos y a todas las personas, "a creer en Él". Cristo puede perdonar todos los pecados (Juan 1:29 y 1 Juan 1:9).

Al morir sin Cristo no hay esperanza.

EL ERROR DE BALAAM fue enseñar al pueblo de Dios para la ganancia de dinero, a que desobedezcan los mandamientos de Dios. Balaam les enseñaba que debían mezclarse con los paganos (impíos) por casarse con ellos, y practicar sus maldades. Él sabía que **el pueblo judío se debilitaría al comprometerse** con los paganos. Balaam tuvo una reputación buena en cuanto a ser exitoso (Números 22:6), y sabía cómo comunicarse con Dios (Números 22:8-12), y algunas veces era obediente (Números 22:13), su error fue cuando pensó que Dios "cambiaría Su Palabra".

Después de su primera entrevista con Dios, él recibió una oferta de los representantes de Balac, de más dinero. Cuando les dijo que esperaran mientras él consultara con Dios para ver qué diría, él pensó que la oferta de MÁS dinero cambiaría las cosas. Él era ignorante o rechazaba la doctrina de la **inmutabilidad** de Dios. Las palabras de Malaquías 3:6 confirman que Dios no cambia ("Porque yo Jehová no cambio"). Santiago 1:17 también enseña la misma verdad cuando dice, **"que con Dios no hay mudanza, ni sombra de variación"**. Sin embargo, mucha gente piensa que esta doctrina no se aplica a la

JUDAS: VERSÍCULO POR VERSÍCULO

Palabra de Dios hoy. Dios ha dicho con claridad en el Salmo 89:34, "No olvidaré mi pacto, ni m_____ lo que ha salido de mis labios."

La raíz del error doctrinal de Balaam fue su avaricia o codicia del dinero de Balac. Esto se ve en el uso de la palabra **PREMIO** por Judas (Véase 2 Pedro 2:15). El amor del dinero que tenía Balaam fue verdaderamente "la r___ de todos los males" (1 Timoteo 6:10). Pensamientos erróneos en cuanto a una cosa resultaron en doctrinas erróneas.

El CONVIRTIÓ LA GRACIA DE NUESTRO DIOS EN LIBERTINAJE, enseñando a la gente de Israel a fornicar con las hijas de los paganos de Moab (Números 25:1; 31:16; Apocalipsis 2:14).

Los seguidores de Balaam modernos enseñan toda clase y forma de inmoralidad; el sexo fuera del matrimonio (la fornicación y el adulterio), la homosexualidad y el adulterio, como se ve en los divorcios múltiples de hoy día. Muchas de estas cosas se practican en el nombre del cristianismo. Seguramente todos estos pecados se cometen porque se ofrece un "premio". El premio prometido puede ser en forma de **felicidad, seguridad económica,** el **placer físico,** el **compañerismo,** etc. Cuando la gente religiosa logre que el pecado sea popular y PERMITIDO (aceptable), la gente responde con ofrendas grandes y la compra de parafernalia religiosa.

LA CONTRADICCIÓN DE CORÉ es el rechazo de los líderes designados por Dios (Números 16:3). Es a la vez rechazar a Dios Jehová (Números 26:9). Esto se defiende diciendo, "toda la congregación; todos ellos son santos" (Números 16:3). ¡Cual persona inteligente diría esto de "todo el pueblo"! Es cierto que, en los ojos de Jehová, todos "posicionalmente" fueron santos (Deuteronomio 7:6), pero no fueron santos todos en la práctica de vivir santamente (Véase el contexto de Deuteronomio 7:6, como ejemplo).

Korah (como se letrea en el Antiguo Testamento) tiene sus imitadores hoy día. Los seguidores de Coré son los que rechazan a Cristo como la cabeza de la Iglesia (Efesios 1:22). Ellos ponen a hombres o grupos de hombres, y algunas veces a gobiernos como cabeza de la Iglesia del Señor Jesucristo. Otros rechazan al Espíritu Santo como miembro de la deidad, y persona vital en la Iglesia. (Romanos 8:14). Ellos buscan controlar cada aspecto de las vidas de las personas cristianas. Muchos han **rechazado la Palabra de Dios como autoridad final** (Isaías 8:20).

Varios substituyen "las experiencias o resultados pragmáticos" (si algo da los resultados deseados, el fin justifica los medios) por la Palabra de Dios. Neciamente, algunos proclaman que todas las personas en el mundo son hijos de Dios. Ellos rechazan lo dicho en Juan 8:44 donde Cristo dijo, "Vosotros sois de vuestro padre el diablo." En 1 Juan 3:10 se dice, "En esto se manifiestan los hijos de Dios (permanecen en Él y no practican habitualmente el pecado). En 1 Juan 3:8 se dice que "Él que practica el pecado es del diablo." Hay que comparar estos versículos con los de Juan 1:11-12 donde Juan dijo que **solo los que le recibieron**, los que **han creído en Su nombre,** han recibido el poder de **ser hechos hijos de Dios**. Nota: Todo el mundo es criatura de Dios, pero no todos son Sus hijos. Hay mucha diferencia entre los dos.

Vemos una progresión alarmante en cuanto a estos tres pecados: yendo, corriendo, pereciendo; rechazando la necesidad de la sangre derramada de Cristo; negando la inmutabilidad de la Palabra de Dios, y blasfemando al líder que Dios ha dado.

¡SÍ alguien desea seguirles a los apóstatas, puede, pero eso significa perecer con ellos! Seguramente Coré y sus seguidores fueron al Seol (infierno), ya, que la palabra **PERECER** es la palabra bíblica que describe el destino de los no-creyentes. ¡Gracias a Dios, que **todo aquel que en Él cree, no se pierda…"** (Juan 3:16).

Versículo 12:

"Estos son manchas en vuestros ágapes, que comiendo impúdicamente con vosotros se apacientan a sí mismos; nubes sin agua, llevadas de acá para allá por los vientos; arboles otoñales, sin fruto, dos veces muertos, y desarraigados…"

Los religiosos falsos (apostatas) son llamados **MANCHAS EN VUESTROS AGAPES** (fiestas de caridad) porque se manifiestan como "manchas en una prenda limpia". Para entender esto debemos saber que la palabra **CARIDAD** es la misma palabra griega que se ha traducido "amor" en Juan 3:16. La palabra describe el amor que da de sí mismo, dando lo mejor. No es egoísta, no busca lo suyo, y no es merecido por el individuo amado. Una fiesta de caridad sería un tiempo cuando todo el mundo podría contribuir para que todos disfrutaran. Estas personas falsas o fingidas, se reconocen fácilmente porque ¡**SE APACIENTAN A SÍ MISMOS!** El cristianismo bíblico siempre tiene el propósito de ministrar a otros sin interés personal, a los que nada merecen. El cristianismo bíblico busca a los perdidos, aunque ellos no piden el evangelio. Siempre busca ayudar al pobre, aunque su pobreza puede ser resultado de la pereza o el pecado. Lleva el evangelio al mundo, se sacrifica, da bienes y dinero, y ora en obediencia y por amar al Señor Jesucristo.

Los religiosos falsos no buscan a los perdidos o ministran a los pobres, o dedican toda su vida al servicio del Señor como misioneros enviados por Cristo. Ellos prefieren buscar prosélitos. Ellos tienen programas sociales que aprovechan de los pobres en vez de darlos lo mejor… Cristo. Su concepto de misiones es de finanzas y proyectos sociales en vez de lo espiritual. Es increíble la cantidad de dinero que se levanta, supuestamente, para ayudar a personas pobres en diferentes partes del mundo, pero en vez de ayudar a los necesitados, muchas veces los ricos se vuelven más ricos.

Esas personas SE APACIENTAN, porque sirven "a sus propios v_____ " (Romanos 16:18); ciertamente su dios es el vientre (Filipenses 3:19). Ellos lo hacen **SIN TEMOR** del juicio de Dios. Su destino es el infierno (Lucas 12:5). Tienen una fe y obras falsas. La esperanza de ellos es descrita en Mateo 7:22-23.

¿Cuántas personas que profesan ser cristianos son miembros de iglesias fundamentales que se apacientan, pero nunca dan de sí mismos para alcanzar al mundo perdido en pecado? ¡Ellos nunca dan, ni a cristianos que sufren necesidad!

NUBES SIN AGUA aparentando ser verdaderos, pero son como un sol sin luz, una rosa sin fragancia agradable. ¡Falsos! El agua, algunas veces da cuadro (lo que llamamos un "tipo") del Señor Jesucristo (Juan 7:37-39), de la Palabra (Efesios 5:26), del Espíritu Santo y la vida eterna (Juan 4:14; Apocalipsis 22:17). Los impostores no poseen ninguna de estas cosas. Son "nubes sin agua", sin el Espíritu Santo, sin la Palabra, y sin la vida eterna. En Tito 1:16 se describen como los que profesan conocer a Dios con la boca, pero con los hechos lo niegan, Son "reprobados en cuanto a toda buena obra."

Estas "nubes sin agua" no resisten los vientos de doctrina. Son llevados de acá para allá por los vientos, y fácilmente influenciados por toda y cualquiera doctrina nueva y falsa (Efesios 4:14). Son inestables y no tienen firmeza, porque han rechazado la estabilidad que provee la Palabra de Dios. Se llevan más lejos con cada enseñanza nueva, de los autonombrados profetas, que poseen una variedad nueva de carisma.

ARBOLES OTOÑALES, SIN FRUTO, DOS VECES MUERTOS Y DESARRAIGADOS... Aquí vemos un contraste puro y duro entre su fruto muerto y la clase de fruto que permanece; el fruto que el Señor Jesús prometió a los que permanecen en Él (Juan 15:16). El fruto cae porque el árbol tiene plaga; nunca habiéndose sanado por la herida (llaga) que Cristo sufrió (Isaías 53:5). Cristo llevó Él mismo nuestros pecados en Su cuerpo sobre el madero (1 Pedro 2:24). Ciertamente, por su f_____ son conocidos (Mateo 7:20). Algunos que han entendido este principio han podido rescatarse del lazo o de la trampa de esta forma de cristianismo falso. **¡O, que más gente lo hiciera!** ¡Cuántas veces Dios ha repetido esta verdad en Su Palabra!

Un árbol otoñal **SIN FRUTO** no se identifica fácilmente. Por lo tanto, Dios nos advierte, "Guardaros de los falsos profetas, que vienen a vosotros con vestidura de o_____, pero por dentro son lobos rapaces" (Mateo 7:15). Debemos ser sobrios y velar siempre, porque tenemos un adversario, el diablo (1Pedro 5:8). Debemos recordarnos que él viene en la forma de un ángel de luz (2 Corintios 11:14) para engañarnos y corromper nuestras mentes. La Biblia dice, "que sean de alguna manera extraviados de la sincera fidelidad a Cristo" (2 Corintios 11:3).

Ellos están SIN FRUTO, porque se ha perdido y no permanece. El mundo le dice al alcohólico que él nunca puede sanarse o librarse totalmente de su adicción; "solo está recuperándose". Según ellos el alcohólico siempre será alcohólico. **Según Juan 8:36, Jesucristo puede librar al adicto, totalmente.**

Nota: Aunque hay consecuencias físicas o enfermedades que afectan el cuerpo que son resultados de la adicción, el alcoholismo no es en sí, una enfermedad. Dios dice que el borracho no heredará el reino de Dios (1 Corintios 6:10). Dios no juzga y condena a los enfermos al infierno. Uno se convierte en adicto por tomar malas decisiones. Él que **no toma el primer trago, nunca será alcohólico.**

El ateísmo, el socialismo, el modernismo y otras sectas faltan poder para librar al alcohólico y dejarlo sin ser un esclavo al alcohol. No tienen poder para librar y hacer puros moralmente a los adúlteros, y a los homosexuales, o hacer del ladrón una persona honesta; pero Cristo convierte a los pecadores en personas salvas y libres de la esclavitud del pecado. Los pecadores se convierten en nuevas personas por la fe en Él. **En Cristo todas las cosas son hechas nuevas y las cosas viejas pasan** (2 Corintios 5:17).

Este autor ha visto estos cambios en las vidas de muchas personas, y he visto a esas personas seguir en la gracia de Dios con victoria sobre el pecado. Todos nosotros, como pecadores salvos hemos experimentado esta libertad y nueva vida en alguna forma.

Las personas que reciben la Palabra de Dios pueden vivir sin fruto si permiten a los afanes de este siglo, y el engaño de las riquezas, y las codicias de otras cosas entrar y ahogar la Palabra. Estas cosas pueden "hacer infructuosas" a las personas, aun los cristianos. Los cristianos carnales o mundanos se parecen mucho con los de las religiones falsas. Esta situación ha causado a muchos creer que el cristiano carnal ha "perdido" la salvación o que nunca se convirtió en verdad. Estos pensamientos probablemente no existirían si todos los que nombran el nombre de Cristo, vivieren apartados de la iniquidad (2 Timoteo 2:19).

La expresión "**DOS VECES MUERTOS**" describe una condición que solo Dios puede ver. Primero, están muertos espiritualmente, muertos en delitos y pecados (Efesios 2:1,5). Están muertos mientras viven físicamente porque viven para los placeres (1 Timoteo 5:6). La definición esencial de la muerte física es "la separación del espíritu del cuerpo" (Santiago 2:26), según el uso de la palabra en Génesis 2:17. Comparando este versículo con Génesis 3:24 aprendemos que Adán murió espiritualmente cuando él desobedeció a Dios. Es por eso que él y Eva fueron expulsados del huerto y de la **presencia de Dios.** La muerte espiritual es la separación de Dios. Esta condición se describe en Isaías 59:1-2. No es "estar sin conciencia de Dios" o sin sensibilidad en cuanto a Él, o no poder oírle a Él. El hecho que Satanás oye a Dios muestra esta verdad. La muerte espiritual significa "ser separado de Él y no gozarse de Su compañerismo". Estas personas no pueden hablar con Él, ni recibir cosas de Él.

En segundo lugar, la muerte eterna de ellos es una cosa tan segura que se describe como algo actual. Véase el versículo 11 donde se dice que "ya perecieron." Una descripción similar en cuanto al creyente se halla en Romanos 8:30. En ese versículo se describen "los hijos de Dios" con la expresión, "glorificados". Es muy seguro que, prácticamente, no hemos experimentado esa glorificación. Pero es cosa tan segura que Dios usa el pretérito (algo que ya pasó) para decirlo. Debemos recordarnos que solo Dios puede **saber** que los apóstatas nunca se arrepentirán.

Nota: El hecho de que Dios posee "presciencia" no implica que Él obligo a ninguna persona hacer lo que Él sabe.

El destino de los impíos, por **decisión de ellos**, es el castigo eterno en las llamas del infierno. **Lanzarse en el lago de fuego es la muerte segunda** (Apocalipsis 20:14). No debemos nosotros mostrar nuestra ignorancia por **pronunciar que cierto individuo (usando su nombre) "es condenado y que va para el infierno".** La condenación de una persona es algo que **solo Dios sabe**, porque **solo Él conoce el corazón** de él o ella. Nosotros haríamos mejor si buscáramos rescatar a todo individuo por **orar** por ellos, por **amarlos**, y con compasión **presentarles el evangelio de Cristo**. Judas nos exhorta a hacer esto en los versículos 22 y 23. Solo el Juez justo puede juzgar correctamente, y solo Él tiene el derecho de condenar a un individuo al lago de fuego. **¡Imaginase, solo Él, puede perdonar y salvar de la condenación eterna! ¡Él puede, y Él quiere salvar!**

La expresión **DESARRAIGADOS** describe el futuro de los apóstatas. El Señor Jesucristo usó el mismo lenguaje para describir a los que no son salvos por Su gracia en Mateo 15:13. Es entonces, porque Él dijo, **"Toda planta que no plantó mi Padre celestial, será desarraigada"**. Las plantas que los hombres plantan siempre mueren tarde o temprano; solo duran hasta que la justicia de Dios llame al hombre a dar cuentas. Los que el Padre no ha plantado, aunque sinceros y convencidos de tener la razón en cuanto a sus creencias, serán desarraigados y destruidos. Que alguien sea sincero o que esté convencido de tener la razón, no es suficiente para evitar el juicio.

Nota: Mis padres solían decir, **"Una persona puede ser sinceramente equivocado.** Aunque un enfermo cree con sinceridad que cierta medicina le va a sanar; si no es la medicina indicada, no le va a sanar, y al contrario le puede matar. **La única receta que salva es Cristo Jesús.**

El Apóstol Pablo nos muestra en Colosenses 2:6-7 que la única manera de evitar el juicio es estar "arraigado" en el Señor Jesucristo; algo que se logra por "estar" en Él; entonces podemos ser sobreedificados en Él, y confirmados en la fe, como hemos sido enseñados y abundamos en acciones de gracias. Algunos cristianos plantan, otros riegan, pero el crecimiento es dado por Dios (1 Corintios 3:6). Él nos da raíces en Cristo cuando a Él le recibimos como Salvador. Véase también el lenguaje de Ezequiel 17:9, "Diles: Así ha dicho Jehová el Señor: ¿Será prosperada? ¿No arrancará sus raíces, y destruirá su fruto, y se secará? Todas sus hojas lozanas se secarán; y eso sin gran poder, ni mucha gente para arrancarla de sus raíces." ¡Es maravilloso ver la harmonía (consistencia) del lenguaje de la Escritura, sea de Ezequiel, Mateo, Pablo o Judas!

Versículo 13:

"… fieras ondas del mar, que espuman su propia vergüenza; estrellas errantes, para las cuales está reservada eternamente la oscuridad de las tinieblas."

Los apóstatas son **FIERAS ONDAS DEL MAR**. Es así porque son como el mar en tempestad, y no pueden estarse quieto. Ni tienen p____ (Isaías 57:20-21). Su actividad perversa y constante resulta en que "**ESPUMAN SU PROPIA VERGÜENZA.**" Todo el mundo puede ver su vergüenza. El humanismo ateísta ha producido esta condición en los siglos veinte y veinte uno. Los que han rechazado a Dios, a Su libro, a la Biblia, y a Su Hijo, **han manifestado abiertamente su suciedad moral, la inmoralidad y las perversiones.** En todo lugar vemos la suciedad de la borrachera, lo repulsivo de la homosexualidad, la náusea de la fornicación y adulterio, y lo grosero de la profanidad, y la desnudez y la adicción a la pornografía. Siempre se han practicado estos pecados detrás de puertas cerradas, y sin tanto audacia y descaro. Hubo tiempo en el pasado, cuando la Palabra de Dios fue honrado por el público en general. Judas, verdaderamente, escribió esta epístola para nuestro tiempo, los últimos días. El Espíritu Santo le usó a él para describir las condiciones que se aumentan cada día en esta época. El hombre no quiere reconocer que estas cosas causan miseria indecible.

Es cierto que las olas del mar se arrojan contra las rocas de la costa, pero los que han convertido la gracia de Dios en libertinaje y niegan al Señor Jesucristo, se destruirán por la Roca de la Eternidad. El Señor Jesucristo mismo describe otras características del destino de los apóstatas cuando dijo, **"Y él que cayere sobre esta piedra será quebrantado; y sobre quien ella cayere, le desmenuzará."** (Mateo 21:44).

Las **ESTRELLAS** han prescito caminos y rumbos con mucha precisión durante los siglos, y el hombre ha navegado los océanos siguiéndolas, pero estas estrellas son **ESTRELLAS ERRANTES** que han dejado su órbita y senda designada por el Creador. Un lenguaje similar se halla en Isaías 53:6, "Todos nosotros nos descarriamos como ovejas, cada cual se a___ por su c_____." Algunas personas se arrepienten y vuelven a Cristo. Ellos responden a la invitación de Cristo, **"Venid a mí"** (Mateo 11:28-30). Las personas que Judas describe han rehusado "Ir a Jesús." Ellos insisten en **VAGAR COMO ESTRELLAS ERRANTES,** complaciéndose a sí mismo, y siguiendo el rumbo que ellos prefieren.

Porque han rechazado la **LUZ DEL MUNDO** (Juan 8:12) no pueden esperar más que la **OSCURIDAD ETERNA DE LAS TINIEBLAS.** Lamentablemente han aceptado la luz falsa (2 Corintios 11:14). Jesús los describe así: "… si la luz que en ti hay es tinieblas, ¿Cuántas no serán las mismas tinieblas?" (Mateo 6:23).

El fuego del infierno es un fuego sobrenatural: no da luz. Mateo 25:30 revela que el infierno es un lugar de "las t_____ de afuera;" y no consume a los que se lanzan allí. Apocalipsis dice que "el humo de su tormento sube por los siglos de los siglos, y no tienen reposo de día y de noche." Además, porque Dios es luz, y en Él no hay ningunas tinieblas" (1 Juan 1:5), la separación de Él significa estar en **LAS TINIEBLAS DE AFUERA PARA SIEMPRE.**

El Señor Jesucristo es el remedio. Él es la solución. Él ha prometido, "...él que me sigue, no andará en tinieblas, sino que **tendrá la luz de la vida."** (Juan 8:12).

Versículo 14:

"De estos también profetizó Enoc, séptimo desde Adán, diciendo: He aquí, vino el Señor con Sus santos decenas de millares.

Hay varias razones porque podemos estar seguros que este versículo no acepta la existencia de un "Libro de Enoc."
1. Los eruditos no están de acuerdo en cuanto a la existencia de una parte o la totalidad de tal libro;
2. Hay controversia en cuanto a fragmentos que, supuestamente, son de un Libro de Enoc;
3. Si tal libro se hubiera inspirado divinamente por Dios, hubiera sido preservado por las edades, como el Señor prometió en el Salmo 12:6-7 y 100:5.

Aunque Judas tuviera un Libro de Enoc, el citar algo de ese libro no confirmaría que era libro inspirado. Pablo usó, en sus epístolas, palabras de poetas paganos, pero no por eso podemos decir que sus poemas fueron palabras inspiradas por Dios (Tito 1:12; Hechos 27:28-29).

Probablemente lo que tenemos son algunas palabras que el Espíritu Santo reveló a Judas y que él apuntó, aunque no se hallan en el Antiguo Testamento. Para ver una situación similar vea a la referencia de Pablo en cuanto a Janes y Jambres en 1 Timoteo 3:8. Igual, en Hebreos 11:11 se menciona la fe de Sara, a pesar de que su fe no se menciona en Génesis. Hebreos 11:19 dice que Abram tuvo fe en la resurrección de Isaac. Esto tampoco se menciona específicamente en Génesis. De igual manera Hechos 20:35 nos revela algo que Cristo dijo que no se menciona en los cuatro Evangelios. Lucas anotó **las palabras del Señor. Él dijo. "Que es más bendito dar que recibir."**

Es la convicción de este autor que las palabras de Mateo 27:9-10 son de esta categoría. El versículo dice que Jeremías, el profeta dijo, "…y tomaron las treinta piezas de plata, precio del apreciado, según precio puesto por los hijos de Israel; y lo dieron para el campo del alfarero, como me ordenó el Señor." El problema es que tal versículo no se halla en el libro de Jeremías. Algunas Biblias de referencia dicen que el versículo viene de Zacarías 11:12-13; "Y les dije: Si os parece bien, dadme mi salario; y si no dejadlo. Y pesaron por mi salario treinta piezas de plata. Y me dijo Jehová: Échalo al tesoro: ¡Hermoso precio con que me han apreciado! Y tomé las treinta piezas de plata, y las eché en la casa de Jehová al tesoro." Como cualquiera persona puede ver, estos dos versículos no son iguales, uno no puede ser la cita del otro, ni puede considerarse una paráfrasis. Añadiendo a esto el hecho de que Mateo dice que él está citando a Jeremías; el pasaje de Zacarías no puede ser el pasaje.

En vez de obligar a Jeremías ser igual a Zacarías, o dar por conocido con el nombre de Jeremías a una porción profética del Antiguo Testamento, o presentar otras explicaciones que dependen de nuestras imaginaciones, **es mejor mantener la fe en la inspiración divina de la Escritura,** y de la practica neotestamentaria de revelar nuevas verdades, y creer que Jeremías realmente habló estas palabras. Si creemos que el Espíritu Santo dio las Escrituras a los escritores santos, como se dice en 2 Pedro 1:21, no hay problema con este pasaje y esta explicación.

Enoc fue de la SEPTIMA GENERACIÓN DESDE ADAN, y no la séptima persona. Véanse las genealogías en Génesis 5 (Adán, Set, Enós, Cainán, Mahalaleel, Jared, Enoc), 2 Crónicas 1 y Lucas 3:37-38.

Enoc PROFETIZÓ DESDE EL PRINCIPIO DE ESTOS APÓSTATAS. El hecho de que el hombre es depravado se veía muy temprano en la historia de la humanidad, y Dios motivó a Su predicador a denunciarlo. Un profeta verdadero de Dios revela el pecado por predicar la Palabra de Dios. Numerosas veces en el Antiguo Testamento se anota que los profetas dijeron, "Entonces Jehová dijo…" En Mateo 1:22 se dice, "…para que se cumpliese lo d____ por el Señor por medio del profeta…" La Biblia es llamada un "libro de profecía" y en Apocalipsis 22:18-19 hay una advertencia en cuanto a no "añadir," ni "quitar de sus palabras". Siendo así, podemos decir con certeza que no hay "profetas de Dios" hoy día. Dios completó Su revelación al hombre e inspiró a los profetas apuntarla y Él la preserva para todas las generaciones.

Desde el principio Dios habló de tres cosas importantes por medio de Sus profetas: (1) la **apostasía**, (2) la **venida del Señor** Jesucristo (Su nacimiento), y (3) **los juicios**. Los hombres, aun hombres religiosos, se burlan de estas tres ideas, tanto como los demás, pero lo hacen a pesar del hecho que se enseñan constantemente en la Biblia. **Rechazar estas verdades y temas equivale rechazar toda la Escritura.**

La apostasía se ve en Génesis 4 las acciones de Caín; Génesis 6 con "los hijos de Dios; En Éxodo 32 se ve en Israel cuando hicieron y adoraron al becerro de oro. La apostasía se ve en toda la historia de la humanidad. El camino del hombre siempre es uno que los lleva lejos de Dios. Esta es una de las razones porque hay admoniciones en la Palabra de Dios, diciendo que **hay que arrepentirse, volver y acercarse a Dios.** No sabemos, o no se nos dice mucho en cuanto a la predicación de Enoc sobre la venida del Señor. Por esta razón sería no sabio ofrecer información que pasa más allá de los límites de nuestro conocimiento. Obviamente, él aprendió estas verdades grandes mientras andaba con Dios (Génesis 5:22-24). Dado que su caminar piadoso comenzó con el nacimiento de Matusalén, muchos creen que Dios le dio la revelación sobre el juicio venidero en ese momento. Algunos suponen que el nombre Matusalén significa, "cuando él muere, vendrá", pero otros no acepten esa idea. Es posible que Enoc tenía conocimiento del diluvio profetizado, pero Judas 14-15 muestran que sus profecías tuvieron que ver, más, con la apostasía y el juicio que venía al final de la dispensación. **Esas verdades solo podrían saberse por la revelación divina.** Por esta razón sería un error grande limitar el significado del nombre de Matusalén, y el andar de Enoc, al tiempo del diluvio.

Varias veces, el Antiguo Testamento, describe un juicio local con las palabras; "la venida del Señor". Isaías 31:4 es una exhortación para Israel diciéndoles que no buscaran ayuda de Egipto, sino del Señor. El pasaje habla de lo que Dios haría, "Porque Jehová me dijo a mí de esta manera: Como el león y el cachorro de león ruge sobre la presa, y si se reúne cuadrilla de pastores contra él, no lo espantarán sus voces, ni se acobardará por el tropel de ellos; así Jehová de los ejércitos descenderá a pelear sobre el Monte de Sion, y sobre su collado." También el contexto de Miqueas 1:3 profetiza el juicio de Dios sobre Israel y Judá. Se describe así: "Porque he aquí, Jehová sale de su lugar, y descenderá y hollará las alturas de la tierra."

La venida específica a que Enoc hace referencia debe ser la segunda venida de Cristo, porque en ese momento Él juzgará a TODOS conforme al versículo que sigue. Se dirá más en los apuntes sobre este versículo.

La venida del Señor **CON** TODOS SUS SANTOS acontecerá al final de la Gran Tribulación (1 Tesalonicenses 3:13) y no debe confundirse con Su venida **para** los suyos antes de los siete años de Gran Tribulación. **La venida del Señor en el aire** para arrebatar a los de Su Iglesia (Novia) **es inminente** (Filipenses 3:20-21; Juan 14:3). Es cierto que la palabra SANTOS a veces se usa para referirse a Israel, como la vez cuando el SEÑOR Dios apareció con ellos en el Monte Sinaí (Deuteronomio 33:2; Hechos 7:38, 53; Hechos 2:2); pero 1 Corintios 6:2-3 llama a los ángeles santos. **El contexto determina la aplicación de la palabra, siempre,** cuando las palabras tienen **aplicaciones múltiples.** Cristo dijo que unos ángeles vendrán con Él en Su venida (Mateo 16:27; 25:31), pero Mateo 24:30-31 muestra que los ángeles vendrán del cielo con Él en Su venida. Por eso debemos entender que la palabra SANTOS puede aplicarse a los ángeles, y a los redimidos.

Estos hechos nos ayudarán a distinguir entre Su venida en el aire **para** arrebatar a la Iglesia (los suyos), y Su venida hasta la tierra **con** los suyos. Estas frases, si las recordamos, nos ayudarán a entender cuál frase particular, es indicada cuando la Escritura refiere a la venida de Cristo. El **arrebatamiento puede ocurrir en cualquier momento (inminente).** La enseñanza de Pablo refleja esta creencia. **Los Corintios esperaban la venida del Señor en cualquier instante** (1 Corintios 1:7). Los de Filipos también. En Filipenses 3:20-21 se ve que Pablo esperaba "al Salvador, el Señor Jesucristo"; Él esperaba que viniera del cielo. La frase "que nosotros que vivimos, que habremos quedado hasta la venida del Señor" **(1 Tesalonicenses 4:15-17) muestra que Pablo esperaba estar con vida cuando viniera Cristo.** Él no pensaba ser uno "de los muertos en Cristo" (Tesalonicenses 4:16). En Tito 2:13 se nos dice que la misma gracia que nos salva, además, nos enseña a aguardar la "esperanza bienaventurada y la manifestación gloriosa de nuestro gran Dios y Salvador Jesucristo..." En contraste, Mateo 24 y Lucas 21 hablan de **muchas señales y cosas que tienen que suceder o pasar antes de la venida de Cristo para reinar en la tierra.** Repito, estos pasajes y las verdades, tomadas en su contexto, nos ayudan a distinguir entra las dos venidas. Una es "en el aire para arrebatar a Su Iglesia", y la segunda es para reinar mil años en la tierra... desde Jerusalén (1 Tesalonicenses 4:13-18; 5:9). **¡Gloria!**

Versículo 15:

"... para hacer juicio contra todos, y dejar convictos a todos los impíos de todas sus obras impías que han hecho impíamente, y de todas las cosas duras que los pecadores impíos han hablado contra Él."

Al venir nuestro Señor Jesucristo, ÉL HARÁ JUICIO CONTRA TODOS LOS IMPÍOS. Esto no será solo un juicio local, limitado, sino un juicio contra todos los impíos (no creyentes) que están en la tierra cuando Él venga. La venida de Cristo a la tierra tendrá dos propósitos grandes: Él va a HACER JUICIO CONTRA TODOS, Y LOS DEJARÁ CONVICTOS DE SU IMPIEDAD. La omnipresencia (presencia en todo lugar) de Cristo se ve en Su habilidad de juzgar a TODOS. Esto es algo que nunca se ha logrado antes. Nunca se ha logrado por los sistemas de juicio humanos.

JUDAS: VERSÍCULO POR VERSÍCULO

También vemos Su o_____ (todo lo sabe, verdaderamente). Él sabe todas sus OBRAS IMPÍAS, Y TODOS LAS COSAS DURAS QUE HAN HABLADO. Todos nosotros nos hemos sorprendido al oír de los pecados de personas famosas o respetadas; información que ha salido a la luz del día por investigaciones. Dios tiene anotado toda la impiedad de los inconversos en Sus libros (Apocalipsis 20:11-12,13-15). Muchos pecados no han salido a la luz todavía. En aquel día sí.

Cristianos, ¡Cuánto debemos agradecerle a Dios por la sangre de Cristo que nos limpia de todo pecado! (1 Juan 1:9-10) Esto significa que Él ha borrado toda constancia de nuestros pecados; por Su gracia. ¡ALELEUYA!

Hay muchos crímenes que no se han resuelto en el mundo. Escrituras como estas nos recuerdan que nada escapa la vista de Dios. "No hay cosa creada que no sea manifiesta en Su presencia; antes bien, todas las cosas están desnudas y abiertas a los ojos de Aquel a quien tenemos que dar cuenta." (Hebreos 4:13). Él juzgará a los que siguen en su impiedad. Cuanto mejor reconocer nuestra maldad, y creer que Cristo murió por los impíos, (Romanos 5:6); porque solo así podemos escapar el juicio venidero. Mejor ser "quebrantado por caer en arrepentimiento sobre la Roca de la Eternidad" que ser quebrantado porque La Roca cae sobre nosotros.

Estos versículos hablan principalmente del juicio que Él hará de los impíos pecadores que tienen vida, en la tierra, al venir Cristo al final de la Gran Tribulación. El juicio de los judíos no-creyentes, se describe en Ezequiel 20:33-

JUDAS: VERSÍCULO POR VERSÍCULO

38; el juicio de los gentiles impíos se menciona en Mateo 25:31-36. Romanos 2:11 habla, en detalle, del hecho que Dios juzgará a ambos los judíos y los gentiles, ya que no hay "a_____ de personas para con Dios." Los impíos muertos serán juzgados al final del reino de mil años (Apocalipsis 20:7-15).

Ambas, las personas y sus obras, son pecaminosas (impías). Aunque guardamos esta palabra para los pecados que consideramos los peores, un estudio bíblico de las veces que se usa revela que la palabra impía describe:

(1). Los que oponen al rey escogido por Dios a pesar de decir que son seguidores de Jesucristo (2 Samuel 22:1-5; Salmo 3:7). Véase el subtítulo del Salmo 3.
(2). La gente de Dios que se comprometieron con los impíos como Acab (2 Crónicas 19:2).
(3). Los arrogantes (Salmos 73:3-12), los impíos (Salmo 73:3), los violentos (73:6), los que hablan maldad (73:8), los llamados impíos (73:12).
(4). Los que son llamados perversos (Proverbios 16:27).
(5). Los que encubran la iniquidad (Proverbios 19:28).
(6). Los que convierten la gracia de Dios en libertinaje y niegan la deidad de Jesucristo (Judas 4).
(7). Todos los que no son justos (Salmo 1:6; 1 Pedro 4:18), y, por lo tanto, todo el mundo (Romanos 3:10).
 (8). ¡Todos los por quienes Cristo murió (Romanos 5:6)!

Cristo juzgará a todos los que no son justos en Sus ojos, porque han rehusado recibir la "justicia" que Él provee por el derramamiento de Su sangre. Al juzgar a los no-creyentes, Él convencerá a los impíos de su impiedad y de haber rechazado a Él, aunque presentarán muchas excusas diferentes por qué rechazaron el evangelio. Además, en Juan 12:48, Él dice que Él usará la Palabra de Dios (La Biblia) para juzgar. Cuanto mejor convencerse ya. El Espíritu Santo tiene este ministerio (Juan 16:8) y la predicación de la Palabra de Dios (2 Timoteo 4:2), por los predicadores (2 Timoteo 3:16) que Dios ha ungido para este ministerio. La palabra griega traducida CONVENCER aquí, es la misma palabra traducida **"redargüir"** en estas referencias en las cartas a Timoteo.

Las obras o acciones impías y las palabras impías revelan un corazón impío que está en CONTRA de Él. La pregunta que debe hacerse; la que tiene impacto en el destino eterno es, **¿ESTÁ USTED CON CRISTO O EN CONTRA DE ÉL?** Vea Sus palabras en Mateo 12:30, "Él que no es conmigo, contra mí es." La pregunta de Pilato es una pregunta tan profunda como el alma. Él preguntó, "¿Qué, pues, haré de J____ , llamado el Cristo?" (Mateo 27:22). Pilato hubiera preguntado mejor, **"¿Qué haré sin Cristo?"** Sin Cristo, no hay esperanza; solo hay juicio y condenación.

Nota: El lector puede creer que el escritor no trata justamente el tema de los "juicios" diciendo que no dice nada en cuanto a **un juicio para los cristianos.** Judas, habla, principalmente, del juicio del **Gran Trono Blanco** (Apocalipsis 20"11-15). Ese es el juicio principal para los no creyentes. Judas no menciona el juicio de los creyentes, no porque no habrá, sino porque:

1. Los cristianos bíblicos, por aceptar a Cristo como Salvador, han aceptado la muerte de Cristo en la cruz como la paga y el castigo de sus pecados. Por la **gracia de Dios,** ellos no tienen que juzgarse otra vez por sus pecados. Él sufrió el juicio y el castigo de nosotros en la cruz. ¡GLORIA!
2. En el **Tribunal de Cristo,** habrá un juicio para **los creyentes,** pero no para ver si son salvos o no, o si van al cielo o al infierno, sino un juicio de sus motivos. Los motivado por amor al Señor a servirle a Él y vivir para Él, recibirán "recompensas". Los que vivieron por otros motivos (como el aplauso y el reconocimiento de los hombres, los intereses personales, la ganancia de dinero, etc.) aunque salvos, perderán las recompensas que hubieran ganado.

Versículo 16:

"Estos son murmuradores, querellosos, que andan según sus propios deseos, cuya boca habla cosas infladas, adulando a las personas para sacar provecho."

Esta descripción de las PALABRAS DURAS (contra Jesús) que hablan los impíos suenan como las conversaciones comunes de hoy día. ¿Cuántos realmente reconocen que tales comentarios se hacen en contra del Señor? Las murmuraciones y las quejas fueron los pecados de Israel en el desierto, y resultaron en algunos de los juicios más severos de Dios sobre ellos (Números 11:1). Impidieron a los israelitas creer en Dios e entrar en Canaán (Deuteronomio 1:26-27). En 1 Corintios 10:10 tenemos el mandamiento, "Ni m_____, como algunos de ellos murmuraron, y p_____ por el destructor." En Filipenses 2:14 tenemos la exhortación, "Haced todo sin murmuraciones y contiendas", pero, a pesar de estas advertencias, la gente ha hecho de estas cosas, pecados muy comunes hoy día.

Reconocemos que el homicidio, la violencia sexual, y otros pecados son muy malos, y podemos preguntar, "¿Porque son los pecados de la murmuración y el quejarse considerados tan malos? Son malísimos porque siembran **discordia** entre hermanos. Estos pecados afectan negativamente al que los comete, tanto como los que escuchan (Hebreos 12:15). Estas acciones niegan lo dicho por el Señor; "...todas las cosas les ayudan a bien, a los que aman a Dios..." (Romanos 8:28). También rechazan la promesa que, "No quitará el bien a los que andan en integridad" (Salmo 84:11). Estos pecados sirven como **una acusación** en cuanto a Dios; que Él es un mentiroso, y que no es justo en Su trato con Sus hijos. Además, sirven para envenenar las mentes de otros, y los anima a cometer los mismos pecados.

QUE ANDAN SEGÚN SUS PROPIOS DESEOS es una característica de los que son perdidos y no salvos (Efesios 2:2-3). Por eso ningún creyente debe entregarse a estos pecados.

PALABRAS INFLADAS se pronuncian por los impíos (2 Pedro 2:18 y el contexto). Esta expresión refiere a **palabras grandes** que se usan por los hombres **para**

impresionar a otros, pero también son cosas grandes que dicen en contra de Dios. Haga una comparación entre las palabras de Faraón (Éxodo 5:2) y las blasfemias que se expresan en las películas de cine, y en la televisión.

Dios, por Su gracia, es sufrido y aguanta mucho, porque "Él no quiere que nadie perezca." Él da lugar para que se arrepienten los impíos, pero al final, Él juzgará a todos los que no se arrepienten.

¿Por qué es que la gente persiste en usar esas "palabras infladas", a pesar de las Escrituras de advertencia en cuanto al juicio venidero? Dios contesta esta pregunta diciendo que ellos, "a_____ a las personas para sacar provecho." Jesús reveló que los Fariseos tuvieron ese problema. Ellos, porque tuvieron conocimiento de la Palabra de Dios, debían reconocer, y recibir al Hijo de Dios. Cristo mostró lo que impedía que lo hicieran cuando preguntó, "¿Cómo podéis vosotros creer, pues recibís gloria los unos de los otros, y no buscáis la gloria que viene del Dios único?" (Juan 5:44). En eso hallamos una confirmación viva de Proverbios 29:25, "**El temor del hombre pondrá lazo**…" Véase también la advertencia de Cristo en Lucas 12:4-5.

¡Cuánto provecho sacaríamos si buscáramos aprobarnos por Dios con la misma diligencia que buscamos la aprobación de los hombres!

Versículo 17:

"Pero vosotros, amados, tened memoria de las palabras que antes fueron dichas por los apóstoles de nuestro Señor Jesucristo;"

Aquí tenemos una "prevención y un remedio" en el mismo principio. Si **RECORDAMOS** (tenemos memoria) **LAS PALABRAS DICHAS** ANTES POR **LOS APOSTOLES DE NUESTRO SEÑOR JESUCRISTO** es acción que nos servirá de **prevención**, para que no caigamos en los pecados mencionados en los versículos 15-16. Si caemos, la Palabra de Dios nos "librará de la ruina" (Salmo 107:20), y "Su Palabra nos limpiará" (Juan 15:3).

Las palabras de los apóstoles son palabras de autoridad porque el Señor Jesús prometió que el Espíritu Santo nos daría la habilidad de "recordar todo lo que "Yo os he dicho" (Juan 14:26). Aquí tenemos la explicación del origen divino de los cuatro evangelios. Las explicaciones humanas dan lugar a contradicciones, no-razonables, y definitivamente no bíblicas. ¿Cómo podría alguien recordar un sermón predicado unos diez, veinte, o treinta años antes? La mayoría de nosotros no podemos recordar las palabras específicas del sermón que oímos el domingo pasado. La única explicación razonable y verdadera sobre el origen de los cuatro evangelios se halla en la Biblia. El Espíritu Santo de Dios nos capacita para poder recordar TODAS LAS COSAS... QUE HABLARON LOS APOSTOLES Y, EL SEÑOR JESUCRISTO. Eso es milagroso; eso es la inspiración e iluminación divina (el poder dado por el Espíritu para que podamos entender).

No solo el Hijo, pero también el Espíritu Santo revelaron más verdad a los cuatro escritores de los evangelios después de Pentecostés. Estas revelaciones siempre formaron parte de la Palabra de Cristo (Colosenses 3:16), y a veces, fueron palabras que no se habían dado durante los tres años de Su ministerio aquí en la tierra (Juan 16:12-15). Todas estas palabras eran verdad. Por lo tanto, cuando el último apóstol, Juan, escribió el último libro (Apocalipsis) de la Biblia, él apuntó las palabras de advertencia que Cristo mismo habló, diciendo que ningunas palabras debían añadirse al texto. Apocalipsis 22:18 enfáticamente muestra el fin de la revelación de verdad de Cristo; la verdad dada por el Espíritu Santo a los apóstoles; lo que Él prometió en Juan 16.

Hubo doce APOSTOLES DE NUESTRO SEÑOR JESUCRISTO (Apocalipsis 21:14). Pablo fue escogido por Cristo para tomar el lugar de Judas Iscariote. **Pablo fue llamado personalmente por el Señor** cuando apareció a él en el camino a Damasco y también recibió unos años de instrucción de Cristo en el desierto de Arabia (Gálatas 1:15-18). Pablo tomó para sí, por inspiración divina, el título **de apóstol.** Él dijo, "Pablo, apóstol..." (no de hombres, ni por hombre, sino de Jesucristo, y por Dios el Padre que lo resucitó de los muertos) Gálatas 1:1. Matías no pudo decir esto, ni tomó este título para sí, ya que él fue escogido por los otros apóstoles. Él no fue apóstol de Cristo sino de los hombres. Bernabé (Hechos 14:14) y los mensajeros de las iglesias (2 Corintios 8:23) usaron el título. La palabra griega traducida "mensajeros" es la misma palabra traducida "apóstol".

Un apóstol de Cristo pudo obrar señales, prodigios y milagros (2 Corintios 12:12). Una lista de estos se da en Marcos 16:17-18 y el versículo 20 de este capítulo muestra la razón. **Esas cosas fueron dadas a ellos para confirmar que sus palabras** eran las palabras de Cristo. Los apóstoles, también, pudieron impartir dones espirituales a cristianos, por la imposición de sus manos (Hechos 8:17-18; Romanos 1:11; 2 Timoteo 1:6). Las iglesias del primer siglo entendieron que **solo los apóstoles tenían eso poderes.** Sabiendo esto y de esta manera, ellos pudieron probar o comprobar quienes eran apóstoles verdaderos. Así pudieron demostrar cuales eran los apóstoles falsos (Apocalipsis 2:2). Ellos usaron estas Escrituras como una regla (estándar) provisto por Dios.

Los apóstoles no pudieron transferir sus poderes a otros. Felipe, a pesar de recibir la imposición de manos por los apóstoles, no pudo impartir dones espirituales a los convertidos de S_____ . Él tuvo que esperar la llegada de Pedro y Juan (Hechos 8:14). Al morir los doce apóstoles originales y los que recibieron la imposición de las manos de ellos murieron, los **dones señales desaparecieron.** El Espíritu Santo no imparte esos dones especiales que sirvieron como "señales" hoy día (1 Corintios 14:22; 13:8-13). Hoy tenemos todas las palabras de los apóstoles, dadas divinamente, y preservadas_como nuestra defensa contra el pecado.

Judas repite las palabras de Pablo (2 Timoteo 3:14-4:4) y de Pedro (2 Pedro 3:2), con la enseñanza de que estas palabras son el remedio que Dios ha provisto para evitar la apostasía.

Versículo 18:

"...Los que os decían; En el postrer tiempo habrá burladores, que andarán según sus malvados deseos."

El hecho, de que las palabras proféticas de los apóstoles son inspiradas, es confirmado por el hecho de que se han cumplido. Los BURLADORES están con nosotros hoy día. Para aclarar la información sobre los tiempos y días postreros damos la lista que sigue:
1). El "postrer tiempo" comenzó durante el tiempo cuando escribió Judas. Sabemos eso porque él dice en el versículo 4 que "**han entrado** encubiertamente" y que fueron "MANCHAS EN VUESTROS AGAPES" (:12).
2). El POSTRER TIEMPO es la dispensación que sigue hasta ahora y equivale los "Postreros Días".
3). Este tiempo de los "Postreros Días" comenzó con el ministerio de predicación del Hijo (Hebreos 1:2), e incluye "el día" de Pablo y Timoteo (2 Timoteo 3:1, y específicamente el versículo 5).
4). Los cristianos de esta época (que también se llama **la dispensación de la Iglesia**), hemos de creer que vivimos en los postreros días, y debemos **estár siempre preparados para la venida del Señor** en el aire (1 Tesalonicenses 4:13-18; Filipenses 3:20-21).

Véanse los apuntes sobre el versículo 16, para ver los comentarios sobre la frase; ANDAN SEGÚN SUS MALVADOS D_____ ."

Versículo 19:

"Estos son los que causan divisiones; los sensuales, que no tienen al Espíritu."

Tres características más de los cristianos falsos se dan en este versículo.
(1). Ellos **CAUSAN DIVISIONES.** Ellos resisten al Espíritu Santo quien busca producir la **unidad entre los creyentes** (Efesios 4:3). Son desobedientes al mandamiento bíblico de "estar f_____ en un mismo espíritu, combatiendo **unánimes** por la fe del evangelio" (Filipenses 1:27). Los falsos o apóstatas, se separan de los creyentes verdaderos con el propósito de dar a entender que son superiores, y así atraer seguidores tras ellos (Véase Romanos 16:17-18; 2 Pedro 2:3, 14, 18-19). Los creyentes bíblicos debemos evitar asociarnos con los líderes religiosos que dicen tener nuevas doctrinas, nuevas revelaciones, perspicacia (ideas), y enfoques extraordinarios. Ellos andan separados de los **caminos viejos del cristianismo bíblico.** Sería bueno hacer caso al mensaje que Dios dio por medio de Jeremías: "Así dijo Jehová: Paraos en los caminos, y mirad, y p_____por las sendas antiguas, cual sea el buen camino, y andad por él y hallaréis descanso para vuestra alma" (Jeremías 6:16). Es trágico que muchos hoy día, hacen exactamente lo que hizo Israel en los tiempos cuando Jeremías escribió

estas palabras. Ellos respondieron: "No andaremos..." (Versículo 16). Aun el creyente verdadero puede ser culpable de ser "carnal, y andar como hombres no salvos (1 Corintios 3:3).

(2). Estos falsos creyentes son SENSUALES. Santiago 3:15 usa esta palabra para describir la sabiduría mundana que produce "**celos amargos y la contención en el corazón.**" Es la misma palabra griega que se traduce "natural" en 1 Corintios 2:14. **La palabra describe la persona no regenerada** que no percibe las cosas del Espíritu Santo de Dios. Para esos individuos, las cosas del Espíritu son locura, y no las puede entender. Él "se ha de discernir espiritualmente." 1 Corintios 15:44-46 usa la misma palabra para describir lo terrenal (animal) que está en contraste con lo espiritual. El énfasis, entonces, es en los cinco sentidos: **oír, ver, oler, saborear,** y **tocar**. Es por eso que se usa la palabra SENSUAL. Los impíos, o **falsos, solo conocen y aceptan lo que se apela a uno o más se sus cinco sentidos físicos.** Su religión se ocupa con **demostraciones que apelan al oído, a la vista, a la nariz, a su capacidad de saborear, o la práctica de su iglesia depende de las experiencias emocionales.**

Nota: Cuando los **sentidos son dominantes**, y no la fe bíblica (Romanos 10:17**) hay problema**. Una señora que profesaba ser una mujer creyente y que trabajaba en una librería cristiana me dijo, "A mí no me importa lo que la Biblia dice, yo sé lo que siento en mi corazón." Además, me dijo, "Este es el problema de Ustedes los bautistas; Ustedes siempre están hablando de la Biblia y lo que la Biblia dice." Bueno, me dijo enfáticamente lo que ella creía. Quizás ella hubiera evitado cometer adulterio con el dueño de la librería si había puesto su fe en la Palabra de Cristo en vez de seguir sus sentimientos. **La Biblia deber ser "la única base de nuestra fe y práctica." ¡Punto!**

El cristiano bíblico reconoce que la fe verdadera (Romanos 10:17), no se controla, ni depende de sus sentidos físicos y emociones. Un individuo ciego puede ser salvo. Un individuo sordo o no-oyente, o paralizado, puede aprender de la Biblia y poner su fe en Cristo para la salvación. Ellos pueden encontrar en Cristo la paz que necesitan y buscan. **Se debe evitar la religión que depende de lo sensual para tener validez.**
(3). Ellos no tienen al ESPÍRITU SANTO. Es notable que Judas no dice que falta algún don u obra del Espíritu Santo. ¡Él dice que es el Espíritu que falta! ¡No tienen al Espíritu de Dios!

Romanos 8:9 dice que tales personas no pertenecen al Señor Jesucristo. Todo creyente verdadero y sincero tiene al Espíritu Santo morando en él o ella. Aun los cristianos que no han crecido en su vida espiritual, los que son "carnales" tienen al Espíritu Santo en ellos. El cuerpo del cristiano es "el templo de Él". Eso se ve en la pregunta que Pablo hizo de los Corintios carnales en 1 Corintios 6:19-20. Nosotros recibimos Su presencia en nosotros en el momento cuando creímos en Cristo y nos convertimos. Así les pasó a Cornelio y su familia cuando se convirtieron (Hechos 10:44). Gálatas 3:2, 5, 14 muestra que el plan de Dios para administrar Su Espíritu en esta dispensación es por la predicación del evangelio. La ausencia del Espíritu

JUDAS: VERSÍCULO POR VERSÍCULO

Santo en la vida de una persona se nota fácilmente, porque Su fruto no se ve. Al contestar las siguientes preguntas uno puede hacer una comparación interesante entre el fruto del Espíritu (Gálatas 5:22-23), y las características de los apóstatas.

(1) ¿Cómo muestra el versículo 12 la falta de amor?
(2) ¿Cómo muestra el versículo 8 la falta de gozo?
(3) ¿Cómo muestra la comparación del versículo 13 con Isaías 57:20-21 la falta de paz?
(4) ¿Cómo revela el versículo 16 la falta de "sufrir"?
(5) ¿Cómo revela el versículo 15 la falta de gentileza?
(6) ¿Cuáles dos características en el versículo 8 muestran la falta de piedad?
(7) ¿Cómo se ve la falta de fe en el versículo 4?
(8) ¿Cuál descripción en el versículo 8 muestra la falta de humildad y mansedumbre?
(9) ¿Cuál frase en el versículo 4 revela la falta de moderación o abstinencia?
(10) ¿Cuál frase en el versículo 10 revela la misma falta?

No son "los dones", sino el f_____ del Espíritu Santo que muestra Su presencia y obra en nosotros. Gálatas 5:19-23 específicamente muestra el contraste que hay entre **las obras de la carne y el fruto del Espíritu**. Al estudiar estos versículos aprendemos andar en el Espíritu, y no "satisfacer los deseos de la carne" (Gálatas 5:15-16). El Señor Jesucristo dijo enfáticamente, "Por sus f_____ los conoceréis" (Mateo 7:20). Los árboles pueden identificarse de la misma manera, por ver su fruto. La presencia y la llenura (control) del Espíritu Santo son reconocidos por la presencia de Su fruto en la vida del creyente.

Versículo 20:

"Pero vosotros, amados, edificándoos sobre vuestra santísima fe, orando en el Espíritu Santo."

En contraste a los creyentes falsos, no bíblicos, o los apóstatas, y para resistir su influencia impía; los creyentes tenemos seis responsabilidades definidos en los versículos 20-23. Para la palabra AMADOS, véanse los comentarios sobre el versículo 3.

Las seis responsabilidades:
Primero, los creyentes bíblicos debemos, continuamente, EDIFICARNOS. **Cada creyente tiene esta responsabilidad "personalmente".** En ninguna porción de la Biblia se dice que toda la responsabilidad cae sobre el pastor y los maestros de la Biblia. Esta EDIFICACIÓN es necesario porque éramos débiles cuando nos salvamos (1 Corintios 1:27). También porque nosotros luchamos contra principados y potestades (Efesios 6:12). Casi todo el mundo sabe que la lucha libre es una forma de batalla muy continua y exigente físicamente. Quizás por eso el Espíritu Santo lo usa para describir el conflicto que tenemos contra la maldad.

Nosotros debemos EDIFICARNOS EN NUSTRA "SANTÍSIMA FE". **Nuestra fe se basa en "el oír la palabra de Dios" (Romanos 10:17).** ¡La única base de la fe cristiana bíblica debe ser la Palabra de Dios; La Biblia! Hechos 20:32 nos promete que la Palabra de Dios "tiene poder para sobreedificarnos," y Hebreos 5:14 nos muestra que nuestro uso de las Escrituras es el ejercicio que nos ayuda a crecer en madurez espiritual, y tener discernimiento entre el bien y el mal. Al no aprender la Escritura seguiremos siendo débiles, e inmaduros, y sin poder resistir los ataques del diablo.

Nuestra fe es nombrada **"Santísima fe"** porque es totalmente diferente y de Dios. (Véanse los apuntes en cuanto a la palabra SANTIFICADO en el versículo1. Esa palabra tiene la misma raíz.).

Deuteronomio 7:6 es un versículo importante para mostrar el concepto divino de la santidad; allí es ser "un pueblo santo para Jehová tu Dios; … más que todos los pueblos que están sobre la tierra." Nuestra **fe** (Las creencias y **doctrinas a que nos apegamos**) es especial porque fue entregado por Dios personalmente, **una vez para siempre** a Sus santos (v.3). Es especial también porque "por la fe nosotros **somos salvos por gracia**" (Efesios 2:8-9). Según Hebreos 11:6, "sin fe es imposible a_____ a_Dios". Con fe, todo es posible (Marcos 9:23). Cuanto mejor, diferente, y deseable, es esta fe cuando es comparado con la fe, no bíblica, de los apóstatas. La **fe fingida o falsa es muy popular**, con la gente, ahora. La fe falsa no cambia sus vidas, ni reciben cosas de Dios. La fe bíblica es necesaria para la salvación y, además es necesaria para la fortaleza y el crecimiento espiritual. Esta fe "edifica" al creyente. Esta Palabra de Dios nos exhorta a "edificarnos continuamente".

Segundo, debemos ORAR EN EL ESPÍRITU SANTO continuamente. Debemos formar la costumbre de orar en el Espíritu con tiempos regulares para orar. Salmo 55:17

muestra que los tiempos de oración de David fueron, "t_____ y m_____, y a mediodía. Interesante, pero el día judío comenzaba con 12 horas de oscuridad. Por eso David tenía estas tres sazones de oración; comenzando en la noche. En Romanos 1:9 Pablo menciona "oraciones repetidas."

Orar en EL ESPÍRITU SANTO es muy diferente y contrario a orar en los deseos de la carne (Gálatas 5:16); algo que hacemos a menudo, sin reconocer. Sin duda muchas de nuestras oraciones son "oraciones en la carne" y así nosotros "pedimos mal, para gastar en nuestros deleites" (Santiago 4:3). ORAR EN EL ESPÍRITU SANTO no sería orar en dependencia en la sabiduría humana. Porque "no sabemos que hemos de pedir como conviene" (Romanos 8:26); necesitamos orar dependiendo del **Espíritu Santo de Dios, esperando que Él "interceda por nosotros" de acuerdo con la voluntad de Dios.**

ORANDO EN EL ESPÍRITU SANTO, sería orar de acuerdo con Sus instrucciones; "teniendo fe en Dios" (Marcos 11:22). Orar así sería no "mirar a la iniquidad" (Salmo 66:18), y ser obediente a hacer las cosas que son agradables delante de Él" (1 Juan 3:22). El cristiano sincero estará estudiando todo lo que la Escritura enseña en cuanto a la oración eficaz, para que él pueda, constantemente, ORAR EN EL ESPÍRITU SANTO.

Versículo 21:

"...conservaos en el amor de Dios, esperando la misericordia de Nuestro Señor Jesucristo para vida eterna."

En **tercer** lugar, debemos conservarnos EN EL AMOR DE DIOS, recordando que Él nunca deja de amarnos, o el mundo (Juan 3:16). La idea es que sigamos amando como Dios ama. Él ama al mundo. Hacer eso significa amar al mundo entero y no solamente nuestra nación, nuestra ciudad, o comunidad. Amar así significa tener propósitos misioneros y una carga por misiones. Esto significa amar como lo hizo Dios (Juan 13:34). "Que os améis unos a o_____ , como yo os he a_____: y no meramente de palabra, ni de lengua, sino de hecho y en verdad" (1 Juan 3:18). Dios mostró Su amor cuando Cristo murió por nosotros en la cruz (Romanos 5:8). Siguiendo el ejemplo de Dios, debemos amar sacrificialmente y para beneficiar a otras personas. La cruz no es solamente la base de nuestra salvación, pero es también el patrón para nuestras relaciones diarias con otros, y especialmente con otros creyentes.

Tenemos la tendencia de amar a los amables, o a los que nos aman a nosotros, o los que "hacen lo que nosotros queremos que hagan". Tenemos la tendencia de amar en palabra y no "en hecho." Influencias malas nos quieren alejar de los caminos bíblicos, y por eso debemos conservarnos EN EL AMOR DE DIOS. Esto hacemos por aprender las verdades de la Escritura, y por poner estas verdades por obra. Mientras tanto confiamos que el

JUDAS: VERSÍCULO POR VERSÍCULO

Espíritu Santo producirá el amor de Dios en nuestras vidas (Gálatas 5:22).

En **cuarto** lugar, Judas nos amonesta, "…ESPERANDO LA MISERICORDIA DE NUESTRO SEÑOR JESUCRISTO PARA VIDA ETERNA." Judas no sugiere que hay una falta de certeza en cuanto a la salvación. El versículo 1 se ha establecido que los creyentes están **PRESERVADOS EN JESUCRISTO.** El versículo 24 expresa ha habilidad de Cristo de preservarnos sin caída. Esto nos enseña a siempre recordar que tenemos VIDA ETERNA POR LA MISERICORDIA DE DIOS.

Somos influenciados por las enseñanzas falsas, o por la naturaleza vieja, tal que creemos que nuestra obediencia y fidelidad muestran que hay en nosotros **"un tanto de mérito".** El Espíritu Santo enfatiza la misma idea en lo que Pablo escribió en Tito 3:5, donde el contexto muestra que nuestras actitudes hacia los no-creyentes siempre serán correctas **si recordamos que nosotros éramos impíos perdidos en el pasado, y ahora somos salvos solo por la misericordia de Dios.** Al olvidarnos de esta verdad se nos roba la compasión y nos impide en las oraciones. Si recordamos esta verdad, recibiremos un mensaje que exalta a Cristo, que podemos proclamar a los perdidos. Así evitamos que nosotros y nuestras experiencias sean el enfoque de atención. **El mensaje siempre debe ser Cristo-céntrico.**

ESPERANDO, es, sencillamente, esperar a Él o algo. Esperar muestra fe. Si esperamos que Él venga hoy y que Cristo cambiará nuestros cuerpos viles en cuerpos gloriosos come el cuerpo de Él; estamos mostrando fe en Sus promesas, las que Él ha dado en la Escritura.

Versículo 22:

"A algunos que dudan, convencedlos."

En **quinto** lugar; este versículo dice que "**teniendo compasión**" debemos convencer a los impíos que dudan. Demasiadas veces pedimos en la oración que el Señor nos dé compasión en forma milagrosa. Un milagro nos obligaría a tener compasión. Este versículo nos da un mandamiento, y de esta manera transfiere la responsabilidad a nosotros. **Tener o no tener compasión depende de nosotros.** La decisión es nuestra. Las palabras de 1 Pedro 1:22 dicen, "Habiendo purificado nuestras almas por la obediencia a la v_____ mediante el Espíritu Santo, para el amor fraternal no fingido, amaos unos a otros entrañablemente, de corazón puro…" Aquí la verdad es clara. **Habiéndonos purificado el alma, podemos amar como debemos.**

La compasión no es solo un ejercicio de nuestra voluntad, sino un producto de nuestro compañerismo con Dios. Es solo, al saber que "Dios nos perdonó a nosotros en Cristo," que podemos ser benignos unos a otros (Efesios 4:32). **La dureza de corazón (sin compasión) que manifestamos hacia otros, refleja un corazón duro en nuestra relación con Dios.**

JUDAS: VERSÍCULO POR VERSÍCULO

La palabra COMPASIÓN significa "sufrir con otra persona, lo que él o ella sufre". Significa animar a alguien que no tiene otro que le anime, tolerando sus costumbres malas, habituales, enseñándoles pacientemente (2 Timoteo 2:24-26), reconociendo las razones bíblicas porque la gente rechaza el evangelio, orando con fervor para superar estos "rechazos", sabiendo porque los cristianos son ignorantes en cuanto a la Biblia. Todo cristiano sincero debe saber cuáles son las cosas que impiden el aprendizaje de la Escritura. Véase el comentario del autor sobre 1 Pedro 1:13-17 y 2:1-3.

Es muy importante que los padres de familia, los maestros, y los ganadores de almas aprenden que **cada persona es diferente,** cada cual requiere trato diferente en cuanto al evangelismo. Los versículos 22-23 muestran que **necesitamos el discernimiento que solo Dios provee** cuando hablamos con la gente.

Podemos lograr grandes ventajas para nosotros al **estudiar los métodos que usó Cristo para alcanzar a la gente.** El Señor habló con sencillez y al punto cuando Él condenó a los Fariseos en Mateo 23. Él los llamó h_____ varias veces, y dio descripciones detalladas de las acciones de ellos. Las acciones de ellos confirmaron que Él tenía la razón. Sin embargo, en Juan 3, Él respondió a Nicodemo con gentileza e instrucción.

Él explicó con paciencia el nuevo nacimiento a ese Fariseo. El Señor reconoció la diferencia. La psicología de los inconversos es herramienta de Satanás, pero la psicología que la gente estudia a la luz de doctrinas o principios bíblicos, es exactamente lo que el Espíritu de Dios tuvo en mente en Hebreos 10:24 cuando Él exhortó a los creyentes "c_____unos a otros para estimular al amor, y a las buenas obras," mientras nos congregamos.

Aprendemos discernimiento al estudiar los métodos de Cristo, y considerándonos los unos a otros. Otra clave de aprendizaje es: "por el uso tenemos los sentidos ejercitados en el discernimiento del bien y del mal" (Hebreos 5:14). En otras palabras, la mejor manera de aprender, puede ser, el hablar con la gente, aconsejándolos en cuanto a Cristo Jesús.

Versículo 23:

"A otros salvad, arrebatándolos del fuego; y de otros tened misericordia con temor, aborreciendo aun la ropa contaminada por su carne."

La **sexta** razón: Otros deben SALVARSE POR TEMOR. Debemos advertirlos y dejarlos con TEMOR DEL INFIERNO. Podemos enseñarles los pasajes bíblicos como Marcos 9:43-48, Lucas 12:4-5, y Apocalipsis 14:10-11.

ARREBATÁNDOLOS DEL FUEGO da a entender que son los más cerca al infierno. Frecuentemente, somos negligentes en cuanto a los muy enfermos o los muy viejos. ¡Pero debemos buscarlos, aun en sus últimos días de vida! Uno de los motivos más fuertes en la vida de

Pablo fue: "conociendo... pues, el t_____ del Señor." El hecho de que **"¡Horrenda cosa es caer en manos del Dios vivo!"** (Hebreos 10:31) le motivó a buscar y persuadir a la gente de la necesidad de arrepentirse y creer en Cristo Jesús como Salvador personal (2 Corintios 5:11). Al acercarnos a la gente para darles el evangelio, debemos, "ABORRECER LA ROPA CONTAMINADA POR SU CARNE." El **tener familiaridad con el pecado puede producir unas tentaciones muy fuertes.** Andar cerca del pecado repetidamente presenta un riesgo, y puede animar la naturaleza vieja (el hombre viejo). Claro, ir acompañado de otro creyente maduro y tener una actitud correcta, sirven para resistir las tentaciones que pueden presentarse. Dice Romanos 8:5, "Porque los que son de la carne p_____ en las cosas de la carne; pero los que son del Espíritu, en las cosas del Espíritu." La única actitud correcta en cuanto al **pecado,** y sus consecuencias, es el **odio. Hay que amar al pecador, pero odiar su pecado.** "Los que amáis a Jehová, a el mal (Salmo 97:10). No debemos permitir que "compasión, comprensión" se convierten en tolerancia. Una revisión de pasajes como Proverbios 23:29-35 (en cuanto al alcohol), Romanos 1:24-27 (en cuanto a la inmoralidad), Marcos 7:6-13 (en cuanto a la religión apóstata), junto con una consideración sería de las **miserias del pecado** que nos rodean, nos ayudarán a evitar el engaño y tener una actitud correcta.

Versículo 24:

"Y a aquel que es poderoso para guardaros sin caída, y presentaros sin mancha delante de su gloria con gran alegría,"

Cuando la Escritura enseña la seguridad del creyente, siempre enfatiza, AQUEL QUE ES PODEROSO PARA GUARDAROS SIN CAÍDA. Hebreos 7:25 enseña que gozamos de seguridad, "porque Cristo puede salvar p a los que por Él se acercan a Dios".

Juan 10:28-29 enfatiza el poder de las manos de Cristo y de Su Padre. Sus manos nos mantienen seguros y salvos eternamente. Romanos 8:29-32 explica que el creyente es predestinado a "conformarse a la imagen de Cristo (versículo 29): también los **llamó** y los **justificó**, y los **glorificó** (Versículo 30). La predestinación es, siempre **a algo**, pero **nunca dice que unos están predestinados al infierno y otros al cielo.** Juan 3:16 dice, "TODO AQUEL". En el versículo 31 vemos que Dios es por nosotros.

Gozamos de la garantía que Dios ha dado Su mejor, y, ¿cómo no nos dará con Él todas las otras cosas? (versículo 32). Compárase Romanos 14:4 y 2 Timoteo 4:18. Hay un contraste entre los que creen en la "pérdida de la salvación" y la responsabilidad ellos ponen en nuestra habilidad de ser fieles, y visa versa. Esta gran doctrina de la seguridad del creyente no es dada para animar al libertinaje. ¡El contexto confirma lo contrario, especialmente los versículos 20-23 y 3-4!

JUDAS: VERSÍCULO POR VERSÍCULO

CAÍDA significa una caída final y completa. Otros pasajes muestran que aun un hombre justo puede caer siete veces y vuelve a levantarse (Proverbios 24:16). Aun los justos pueden decir, "Por Jehová son ordenados los pasos del hombre, y Él aprueba su camino. Cuando el hombre cayere, no quedará postrado, porque Jehová sostiene su mano "(Salmo 37:23-24). ¿Por qué cae un hombre justo, cuyos pasos el Señor ha ordenado? Daniel 11:35 dice que aun "algunos de los sabios caerán para ser depurados y limpiados, e_____ hasta el tiempo determinado…" Aquí, tenemos otro ejemplo de palabras en la Escritura que tienen más que una definición. Compárese los apuntes sobre la palabra LLAMADOS en el versículo 1.

El contexto siempre determina el significado específico, inmediato CUANDO UNA PALABRA TIENE MAS QUE UN SIGNIFICADO.

La expresión **OS** enfatiza la clase de personas que son guardados de caída, por el poder del Señor. Estas personas se han descrito en los versículos 1 y 20. Otra vez, vemos que esta promesa no se da a un profesor de religión negligente, quien nunca ha tenido su corazón convertido por la regeneración.

El propósito de ser "guardados" no es para animar a los creyentes a que cometen o permiten pecado. Es para que ÉL pueda "presentarnos sin mancha delante DE SU GLORIA CON GRAN ALEGRÍA." Esto es posible.

JUDAS: VERSÍCULO POR VERSÍCULO

"Al que no conoció pecado, por nosotros lo hizo pecado, para que nosotros fuésemos hechos justicia de Dios en Él." (2 Corintios 5:21; Filipenses 3:9). La doctrina de la seguridad eterna del cristiano bíblico se basa en lo que Él logró en la Cruz. Él satisfizo a Dios en cuanto a nuestro pecado (Isaías 53:11, véase todo el capítulo). **Él se presentó una vez para siempre por el sacrificio de sí mismo para quitar de en medio el pecado** (Hebreos 9:26). Según Hebreos 10:17 Dios ha prometido, "Y **nunca más me acordaré de sus pecados y transgresiones.** El Señor nos ha santificado mediante la ofrenda del cuerpo de Jesucristo, h____ u__ v_____ para **siempre**"(Hebreos 10:10 y 14). Él nos "perfeccionó con una sola ofrenda, y eso, para siempre". Todo eso tendría que cancelarse y anularse antes de que un creyente pudiera perder la salvación. El reconocimiento de esta gran provisión debe causar que los hijos de Dios **canten alabanzas a Él…** Aquel que es todopoderoso. Judas nos pone ejemplo en los versículos 24-25.

En el versículo 1 se dice que estamos EN JESUCRISTO. Esto significa, entre otras cosas, que **Su justicia nos es imputado (atribuido).** El hecho de que Dios nos ve en Cristo se ve por Su uso del lenguaje igual para ambos, el creyente y Cristo. Este versículo 24 dice que nosotros seremos "presentados SIN MANCHA DELANTE DE SU GLORIA." 1 Pedro 1:19 describe a Cristo como un cordero sin m_____ y sin contaminación. Hebreos 9:14 dice que "Cristo ofreció a Sí mismo a Dios **sin mancha".** Sin embargo, debe recordarse que nosotros somos descritos con las mismas palabras que Él; no porque somos justos nosotros, sino solo por lo que Él es, y Su habilidad, no la nuestra.

Él hará esta presentación con GRAN ALEGRÍA, porque, el amor que Él tiene por la justicia ha producido el óleo de alegría, "más que todos sus compañeros" (Hebreos 1:9). De la misma manera, sí creemos la Palabra de Dios y amamos la justicia que Él nos ha imputado (atribuida, o puesto en nuestra cuenta) nosotros podremos regocijarnos con gozo inefable y glorioso (1 Pedro 1:8).

Versículo 25:

"...al único y sabio Dios nuestro Salvador, sea gloria y majestad, imperio y potencia, ahora y por todos los siglos, Amén."

La deidad de Cristo es enseñada aquí por la comparación de los versículos 24-25 con Efesios 5:25-27 que dicen que es Cristo quien nos presenta a Sí mismo, "como una i_____ gloriosa, que no tuviese mancha ni arruga, ni cosa semejante," Por esta razón, la palabra "aquel" (ÉL) del versículo 24 y la expresión, **AL ÚNICO Y SABIO DIOS, NUESTRO SALVADOR, (versículo 25) refieren a Cristo.** Vemos Su deidad enseñada al principio del versículo 4, y al final de la epístola. Eso sí es muy significante, especialmente si esta epístola fue escrita por Judas para los "últimos días". La deidad de Cristo es negada por los humanistas, modernistas, los liberales (en doctrina) y muchas de las sectas falsas (mormones, testigos de Jehová, etc.), y en adición los musulmanes y otras religiones del mundo que no se basan en la Biblia.

La deidad de Jesucristo se enseña con claridad en esta epístola y también en Mateo 1:23; Juan 1:1; 1 Timoteo 3:16; Tito 2:13; Isaías 9:6.

"Porque un niño nos es nacido, un hijo nos es dado, y el principado sobre su hombro; y se llamará su nombre Admirable, Consejero, Dios Fuerte,_Padre Eterno, Príncipe de Paz." (Isaías 9:6)

La información que sigue es del traductor: En este versículo escrito por el Profeta Isaías, se ve que el Espíritu Santo le inspiró al profeta a anotar que "el niño nació." Es importante reconocer esa verdad. El niño Jesús recibió vida en el vientre de María por obra del Espíritu Santo. Se puede decir que **"Jesús, el hombre comenzó allí".** Pero, **Cristo, el Hijo unigénito de Dios, NO NACIÓ JAMÁS.** En otras palabras, Cristo Dios, no tuvo principio (Juan 1:1), y no tendrá fin, porque Él es DIOS. Es por eso que Isaías dice, "un hijo nos es dado." **Jesucristo el unigénito Hijo de Dios (Dios Mismo) siempre ha existido.** Dios se encarnó en el cuerpo de Jesús, hombre. Negar esta verdad resulta en la condenación eterna.

La palabra SALVADOR se aplica a Jesucristo, o se usa para referirse a Él en muchos pasajes (Filipenses 3:20). La expresión ÚNICO Y SABIO DIOS, NUESTRO SALVADOR, ENFATIZA QUE NO HAY OTRO SALVADOR MÁS QUE ÉL. Comparando Filipenses 3:20 con Isaías 43:10-11, que proclaman que no puede haber otro dios o salvador, sino solo Él; vemos que Él es único. La Escritura enseña que Cristo, El Salvador es uno con Jehová, o Dios Padre. Es evidente que Cristo es Uno con Su Padre, y por eso Él es el Dios-Hombre.

Es cierto que nosotros, con nuestras mentes limitadas (finitas), no podemos comprender esta verdad, ni explicarla. Creemos esta verdad porque Él la ha declarado por "revelación divina en Su Palabra." Esta es una de las verdades que aceptamos por fe. Poder explicarla requiere una mente infinita.

El creyente y estudiante sincero de la Escritura, debe recordar las palabras del libro de Deuteronomio 29:29, donde el Señor dice, "Las cosas secretas pertenecen a Jehová nuestro Dios; más las reveladas son para nosotros y para nuestros hijos para siempre, para que cumplamos todas las palabras de esta ley."

Doy gracias a Dios que Su Espíritu Santo me ayudó a entender estas palabras, siendo un predicador joven. Logré entender tres cosas principales:
A. Solo Dios sabe todo. Si uno podría explicar completamente esta y otras cosas misteriosas, tendría conocimiento "pleno" como Dios. Los hombres tenemos que aceptar el hecho de que no podemos "explicar todo" pero, sí podemos creer y aceptar estas cosas por fe (Romanos 10:17; Hebreos 11:6).
B. Él nos dará conocimiento completo y pleno cuando, en el arrebatamiento nos conforme a la imagen de Cristo (1 Corintios 13:13, 13).

C. Lo importante para nosotros es que "cumplamos" lo que Él nos ha revelado. Si esto es nuestro propósito, veremos que tenemos más que suficiente información para mantenernos ocupados. Debemos dedicarnos a hallar y a hacer Su voluntad revelada.

La Escritura revela que **Dios es UNO**, y que se manifiesta en tres personas: Padre, Hijo y Espíritu Santo. Aunque no podemos comprender totalmente como eso puede ser cierto, podemos aceptar y confiar en la verdad, porque Él la ha revelado en muchos pasajes (Juan 15, 15, 17; Judas 20-25; etc.). Las palabras de Romanos 11:33 nos recuerdan que, **"Sus juicios son insondables y Sus caminos inescrutables"**; tal que no los podemos entender plenamente. Esta situación no debe impedir que creamos a Él y en Él. Podemos gozarnos en la relación con Él, como Sus hijos.

Todos nosotros aceptamos y entendemos los beneficios de muchas cosas que no podemos entender o explicar: la luz eléctrica, la radio y el televisor, los autos, los aviones, las computadoras, etc. Entiendo que una parte del problema es que podemos "ver" estas cosas, y no podemos ver a Dios. **Tener fe es creer en "lo que no se ve" (Hebreos 11:1-6)**

Las alabanzas de Judas 24-25 son una confesión; y atribuimos la GLORIA, LA MAJESTAD, EL DOMINIO, Y EL PODER AL **SEÑOR JESUCRISTO.** Judas no tomó para sí ninguna GLORIA por su servicio, ni por su sabiduría al escribir esta epístola. Él no aceptaría la MAJESTAD ofrecida por los cristianos agradecidos. Él no ejerció DOMINIO sobre el pueblo de Dios. Él obedeció las palabras de 1 Pedro 5:3. Él rehusó ejercer PODER, aunque el "hombre natural" siempre está dispuesto a matar para tener poder. Judas fue verdaderamente EL SIERVO DE JESUCRISTO, y dio toda la gloria a su Maestro. Judas nos presenta un patrón, un ejemplo que podemos imitar, sí queremos ser siervos del Señor.

En nuestro tiempo cuando los hombres tienen la oportunidad de lograr fama, riquezas, y poder para ellos mismos, debemos imitar a Judas y dar toda la gloria al Señor Jesucristo, AHORA Y POR LOS SIGLOS. Hay que recordar la promesa de Dios escrito en 1 Samuel 2:30, "**…Porque yo h_____ a los que me honran, y los que me desprecian serán tenidos en poco."**

Al hacer lo que Él hizo, él mostró que verdaderamente **fue "lleno del Espíritu Santo, quien siempre glorifica al Hijo de Dios"** (Juan 16:14). Nosotros, si tenemos la llenura del Espíritu (Efesios 5:18-19), haremos lo mismo.

AMÉN es la palabra griega que se letrea igual en español e inglés y se traduce "de cierto" 72 veces en el Nuevo Testamento. La palabra hebrea se letrea igual y se traduce al español "amén, o así sea" en Jeremías 11:5 y "verdad" en Isaías 65:16, donde Dios es llamado "el Dios de la verdad" dos veces. La palabra, obviamente, significa que algo **es "la verdad no adulterada" con ninguna mezcla de error o de algo falso.** La palabra se usa en la Escritura, por la gente, para mostrar que ellos están de acuerdo con lo que se ha dicho o con lo que va a pasar.

Esta epístola breve ofrece muchos beneficios para nosotros:
1). Describe la **posición** del creyente en Cristo (v.1)
2). Muestra las **responsabilidades** del creyente (vs. 3, 20-23)
3). Enseña la **seguridad eterna** del creyente (vs. 1, 24-25)
4). Da una lista de las **características** de los apóstatas (vs. 4, 8-19)
5). Confirma la **deidad de Cristo** (vs. 4, 14-25).
6). Revela las **causas** de la apostasía (vs. 10, 11, 16).
7). Nos dirige a la **defensa** (arma) para combatir la apostasía (v. 17)
8). Describe las dos **actitudes** necesarias para el evangelismo (vs. 22-23).
9). Provee un **ejemplo** maravilloso de la exactitud de detalles en la Escritura. Véanse los comentarios sobre los versículos 4 y 19.
10). Revela el **conflicto** entre Miguel y Satanás (vs. 9-10).
11). Muestra el **valor** del conocimiento del Antiguo Testamento (vs. 5, 7, 11, 14,15).
12). Nos recuerda del **triunfo final de Cristo** (vs. 14-14, 24-25).

Unos Bosquejos:

Versículo 1:
1. Judas
2. Siervo
3. Jesucristo
4. Hermano de Santiago (Jacobo)
5. Santificado por Dios Padre
6. Preservado (Guardado) en Cristo
7. Llamado

Versículo 2:
1. Él desea para ellos bendiciones espirituales, no carnales
2. Los santificados, preservados, y llamados, todavía necesitan misericordia
3. Misericordia, porque hay pecado
4. Paz, porque hay conflictos
   a. Entre personas
   b. Entre el Espíritu y la carne
   c. Entre la voluntad nuestra y la de Dios
   d. La preocupación sobre manera y la fe
5. Amor, porque hay egoísmo
6. Multiplicado (Amor)
7. Como se obtiene

Versículo 3:
1. La designación: amados
2. La diligencia
3. La liberación
   a. El mismo Salvador
   b. La misma gracia

c. El mismo método
d. El mismo resultado
4. El deber: contender ardientemente
5. La doctrina

Versículo 4:
1. Hombres; han entrado encubiertamente
2. Destinados; para la condenación
3. Los impíos
4. Convirtieron la gracia de Dios en libertinaje
5. Niegan a Dios, el único soberano y nuestro Señor Jesucristo

Versículo 5:
1. El recordar
2. Salvos
3. Destrucción de los no-creyentes

Versículo 6:
1. ¿Quiénes son estos ángeles?
2. ¿Cuál fue su pecado?
3. ¿Dónde están?

Versículo 7:
1. Pecadores, Sodoma, Gomorra, ciudades
2. Pecados, fornicación, y vicios contra la naturaleza
3. Puestos para ejemplos
4. Pena, sufriendo el castigo del fuego eterno

JUDAS: VERSÍCULO POR VERSÍCULO

Versículos 8-9:
1. Mancillan la carne
2. Rechazaron autoridad (v. 6 también)
3. Blasfemias de potestades superiores (v.5)

Versículos 9-10:
1. Satanás quería el cuerpo de Moisés para idolatría
2. Miguel resistió
3. Ángeles cuidan de los creyentes
4. Miguel no pronuncio juicio sobre el diablo
5. Los impíos hablaron mal de la gracia de Dios
6. Y de Cristo
7. Porque ignoran cosas espirituales
8. Conocen naturalmente, como animales irracionales

Versículo 11:
1. Sangre, el camino de Caín
2. La Biblia, el error de Balaam
3. Blasfemia, la contradicción de Coré

Versículos 16-19:
1. Palabras de apostatas
2. Palabras de los apóstoles
3. Obras de los apostatas
4. Obras de los cristianos

Versículos 20-21:
1. Edificando (v.20)
2. Orando (v. 20)
3. Conservándoos (v. 21)
4. Esperando (v. 21)

JUDAS: VERSÍCULO POR VERSÍCULO

Versículos 22-23:
1. Personas diferentes
2. Discernimiento
3. Algunos: compasión
4. Otros: temor

Versículos 24-25:
1. El poder, Aquel que puede, Cristo
2. La gente, Usted y yo
3. El propósito, presentarnos sin mancha
4. La persona, Jesucristo
5. La promesa, guardarnos sin caída

JUDAS: La Lista de Palabras Subrayadas Que Faltan.

Versículo 1:
1. Sacrificio
2. Vivo
3. Señor
4. Jesús
5. Dios
6. Supremo
7. Celestial
8. Santo

Versículo 2:
1. Dios

Versículo 3:
1. Grande
2. Eterna

JUDAS: VERSÍCULO POR VERSÍCULO

Versículo 4:
1. Murió

Versículo 5:
1. Ira

Versículo 6:
1. Ángeles

Versículo 7:
1. Conversaciones
2. Conocerlos
3. Naturaleza
4. Alternativo
5. Reino
6. Muere
7. Apaga

Versículo 8:
1. Mancillan
2. Corrompe
3. Mensajeros

Versículo 9:
1. Gabriel
2. Dragon
3. Avaricia
4. Ungido

Versículo 10:
1. Natural

JUDAS: VERSÍCULO POR VERSÍCULO

Versículo 11:
1. Romanos 10:17
2. Inmundicia
3. Mudaré
4. Raíz

Versículo 12:
1. Vientres
2. Fruto
3. Ovejas

Versículo 13:
1. Paz
2. Apartó
3. Camino
4. Tinieblas

Versículo 14:
1. Dicho

Versículo 15:
1. Omnisciencia
2. Acepción
3. Jesús

Versículo 16:
1. Murmuréis
2. Perecieron
3. Adulan

Versículo 17:
1. Samaria

JUDAS: VERSÍCULO POR VERSÍCULO

Versículo 18:
   1. Deseos

Versículo 19:
   1. Firmes
   2. Preguntad
   3. Fruto
   4. Frutos

Versículo 20:
   1. Agradar
   2. Tarde
   3. Mañana

Versículo 21:
   1. Otros
   2. Amado

Versículo 22:
   1. Verdad
   2. Hipócritas
   3. Considerémonos

Versículo 23:
   1. Temor
   2. Piensan
   3. Aborreced

Versículo 24:
   1. Perpetuamente
   2. Emblanquecidos

JUDAS: VERSÍCULO POR VERSÍCULO

3. Hecha
4. Una
5. Vez
6. Mancha

Versículo 25:
1. Iglesia
2. Honraré

EL Traductor

Dr. Bob Chapman Green nació en Fort Pierce, Florida el 23 de septiembre, 1943. Sus padres eran Bob C y Edris Marie Green. El Hermano Green es llamado "Hno Roberto" por los hispanos, aunque su nombre no es Robert. El aceptó a Cristo como Salvador en 1955 en una compaña de avivamiento en la Iglesia Bautista Fairlawn, donde DD Peterson era el Pastor. El Señor le tocó su corazón en 1959 y le llamó a predicar el Evangelio. Hermano Green es graduado de Dan McCarty High School y Tennessee Temple College. Estudió y logró una Maestría y luego un Doctorado de Baptist College of América en Kokomo, Indiana.

Hermano Green y Patricia Deitz de Asheville, NC se casaron el 15 de julio de 1965. Patricia aceptó a Cristo en septiembre de 1962. Ellos fueron aprobados como misioneros para Centro América con BIMI (Baptist International Missions, Inc.) en enero de 1967. Ellos sirvieron durante varios años en Centro América, y ayudaron comenzar y establecer varias iglesias. Ellos vivieron en Costa Rica, Nicaragua, Guatemala y finalmente en El Salvador. Sirvieron con La Familia Bell enseñando en el instituto bíblico "IBERO." Era él co-pastor fundador de La Iglesia Bautista Miramonte en San Salvador. En 1973 se trasladaron a San Miguel donde comenzaron El Tabernáculo Bautista de San Miguel.

Dr. Green y Patricia reconocen la gran obra de Dios que se ha hecho bajo el liderazgo de los pastores Salvadoreños. Dios usó a estos fieles hombres de Dios y sus familias para multiplicar el ministerio de fundar iglesias bautistas independientes nuevas. La Familia Green se siente sumamente bendecida por haber tenido el privilegio de servir en Centro América, especialmente en El Salvador.

Dios permitió al Hermano Green ser piloto aviador y mecánico de aviación. La avioneta que Dios les dio sirvió como una herramienta para el evangelismo y para transportar pastores, evangelistas y misioneros. También le permitió hacer vuelos en casos de emergencia médica.

Actualmente Los Green sirven siempre con BIMI. El es Representante Para El Ministerio Hispano y Director de Ministerios de Aviación.
Los Hermanos Green tienen dos hijos: Susan, casada con Kevin Culler. Tienen dos hijos, Hannah, casada con Mitch, y ellos tienen dos hijos pequeños, Trevor y Brooklyn. Susan y Kevin tienen su hijo Joshua, casado con Gaby.

JUDAS: VERSÍCULO POR VERSÍCULO

Nuestro hijo <u>Timoteo</u> tiene cuatro hijos: Danielle, Hunter, Logan y Natalie. Damos gracias a Dios por todos ellos

www.ingramcontent.com/pod-product-compliance
Lightning Source LLC
Chambersburg PA
CBHW061453040426
42450CB00007B/1344